KB196189

**10대를 위한
글로벌 빅테크 수업**

넥스트씨 카카오톡 채널을 통해 책 속 코너 〈안 쌤의 생각 더하기〉의 참고 자료 및 예시 답안을 받아 보실 수 있습니다.

10대를 위한

글로벌 빅테크 수업

안석훈, 이경민, 홍혜민 지음

머리말

여러분, 빅테크라는 말을 들어 보셨나요? 빅 세븐Big7 또는 매그니피센트 세븐Magnificent 7은요? 이 무슨 알쏭달쏭한 단어냐 싶을지도 모릅니다. 하지만 여러분 부모님은 물론이고, 특히 여러분들이 살아갈 미래를 준비하기 위해서는 반드시 알아야 하는 단어, 아니, 존재들이랍니다.

'빅테크Big Tech'란 말 그대로 거대한 기술테크 회사를 가리킵니다. 막강한 기술력과 자금력을 바탕으로 세계 경제를 이끄는 거대 기술 기업들을 말해요. 이들 중에서 특히 일곱 개 회사를 '매그니피센트 세븐'이라 부르는데요. 일곱 개의 기업, 즉 애플, 마이크로소프트, 알파벳, 아마존, 엔비디아, 메타 플랫폼스, 테슬라가 바로 그들입니다.

이 일곱 개 회사는 현재 전 세계에서 가장 영향력 있는 빅테크 기업들입니다. 이들의 시가총액을 모두 합하면 약 17,730조 원2024년 2월 기준 13조 1,000억 달러으로, 이는 대한민국 국내총생산GDP의 7배가 넘는 어마어마한 규모예요.

여러분은 이미 빅테크와 함께 살고 있습니다. 아침에 일어나 아이폰애플 알람을 끄고, 구글알파벳로 정보를 찾아 보고, 인스타그램메타에서 친구들과 소통하고, 유튜브알파벳로 영상을 보며, 아마존에서 쇼핑을 합니다. 눈치채지 못했겠지만, 여러분의 하루는 빅테크가 만들어 낸 기술과 서비스로 이미 한가득입니다.

워런 버핏도 이러한 빅테크의 힘을 알아보았습니다. 그는 오랫동안 기술 기업에 대한 투자를 꺼리다가 결국 애플에 투자해서 큰 수익을 거두었죠. 그는 애플이 더 이상 '기술'만을 주제로 하는 기업이 아닌, 세계인들 삶의 '필수재'가 될 것으로 보았습니다.

버핏의 예상은 적중했어요.

오늘날 빅테크 기업들은 단순한 기업이 아닌, 혁신과 도전으로 세상을 바꾸는 주역이 되었습니다. 바로 이 순간에도, 그들이 가지고 있는 미래 비전과 이를 위해 개발 중인 기술들이 세상을 바꾸고 있죠.

전작 《10대를 위한 워런 버핏 경제 수업》에 이어, 여러분이 우리 시대의 새로운 경제 강자 '빅테크'를 이해하고, 이를 통해 미래를 탐구하길 바라며 이 책을 썼습니다. 기술의 진보를 단순히 먼 이야기로 여길 것이 아니라, 이를 혁신과 경영, 인문 그리고 투자 등 다양한 관점에서 바라보고 자기 삶과 연결 짓기를 바랍니다. 여러분은 앞으로 인공지능 등의 기술과 더불어 살며, 때로는 그 기술들과 경쟁해야 할 것입니다. 그러므로 빅테크들이 만들어 온 그리고 만들어 갈 미래의 방향성을 아는 것은 필수입니다.

이를 위해 10일간의 미국 횡단 탐방이라는 특별한 형식으로 이 책을 구성했습니다.

여러분은 지금부터 경민, 혜민 그리고 안 쌤과 함께 뉴욕의 구글 오피스에서 시작해, 텍사스의 테슬라 기가팩토리로 ···▸ 캘리포니아의 실리콘밸리에서 엔비디아, 애플, 메타를 만나고 ···▸ 시애틀에서 아마존과 마이크로소프트의 혁신을 배우며 ···▸ 마지막으로 오마하에서 워런 버핏의 투자 철학을 되새기는 여정을 떠나게 될 것입니다.

빅테크는 단순히 시가총액이 큰 기업이 아닙니다. 테슬라는 전기차와 우주 산업으로 새로운 미래를, 엔비디아는 인공지능의 두뇌를, 애플은 최적화된 사용자 경험을, 메타는 새로운 차원의 연결과 소통을, 아마존은 최고의 쇼핑 경험을, 마이크로소프트는 디지털 혁신을, 알파벳은 양자컴퓨터 기술을 선도하며 미래 컴퓨팅의 지평을 넓히고 있습니다.

여러분도 미래를 바꿀 혁신가가 될 수 있습니다. 지금 당장은 빅테크의 서비스를 사용하는 입장이지만, 앞으로는 여러분이 직접 새로운 기술과 서비스를 만들어 낼 수도 있죠. 이 책을 통해 여러분이 한층 더 큰 꿈을 꾸게 되길 진심으로 바랍니다.

자, 이제 함께 미국 횡단 여행을 떠나 볼까요?

저자 일동

등장인물

경민

13세, 중학교 1학년.
우연히 혜민을 만나
'백만장자 투자클럽'에서
활동 중이다.

혜민

14세, 중학교 2학년.
초등학교 때부터
주식투자를 시작한
'투자 고수'로 알려져 있다.

안 쌤

45세,
중학교 사회 선생님.
'백만장자 투자클럽'의
지도교사이다.

여행의 조력자들

올리비아

뉴욕에 살고 있는
혜민의 친구

제롬

올리비아의 아빠,
구글 인사 담당자

저스틴

기가팩토리의
엔지니어

니콜

4년차
엔비디아 엔지니어

피터슨

스티브 잡스에 대한
추억을 간직한
애플의 구성원

아리야

메타 플랫폼스의
역사를 함께해온
PR 담당자

제이콥

아마존 스피어스의
안내자,
사실 그의 정체는…

숀

제이콥의 친구,
마이크로소프트의
마케팅 매니저

프롤로그

최첨단 기술의 심장부를 향한
10일간의 여정

"안녕하세요, 고객님! 탑승권과 여권 확인하겠습니다."

"아! 여권이랑 탑승권이요? 잠시만요…"

경민은 주섬주섬 가방에서 여권과 탑승권을 찾았다.

"탑승권은 스마트폰에 있어. 로그인했던 화면을 보여드리면 돼. 여권은 가방 안쪽에 있잖아!"

출국심사대 쪽에서 지켜보던 혜민이 급히 달려와서는, 똑 부러지게 경민의 여권과 탑승권을 챙기며 물었다.

"너, 해외여행 처음이야?"

혜민의 질문에 경민이 멋쩍게 웃으며 말했다.

"아…, 그게, 갈 일이 없었어요."

"하하! 그래서 그렇게 긴장했구나."

뒤이어 안 쌤까지 등장하자 경민은 조금 안심하며 혜민이 알려주는 대로 여권과 탑승권을 찾아 출입국 담당자에게 보여주었다. 담당 직원이 환하게 웃으며 경민에게 물었다.

"아버님이랑 여행 가시는 거예요?"

그 질문에 셋은 거의 동시에 외쳤다.

"아니에요!"

"아, 그렇군요. 죄송합니다!"

직원은 고개를 끄덕였고, 셋 또한 웃음을 터뜨리며 어색함을 털어냈다. 혜민이 밝은 목소리로 덧붙였다.

"저희 선생님께서 빅테크 탐방 프로그램에 참가 신청을 하셨는데, 운 좋게 선정되었어요. 유명한 기업들이 있는 현장을 찾아 직접 돌아볼 예정이에요. 테슬라 공장도 가 보고, 애플 본사도 방문하려고요."

"와, 축하해요! 좋은 기회를 얻으셨네요. 테슬라와 애플 본사를 견학한다니, 꿈같은 기회인걸요. 자, 여권과 탑승권 확인은 끝났어요. 비행기 탑승 시간에 맞춰 A17 터미널로 가시면 됩니다. 13시 10분까지 도착해서 탑승 대기해 주세요."

경민은 혜민과 안 쌤을 따라 비행기 탑승 카운터로 이동했다.

처음 와본 인천국제공항의 풍경은 그야말로 신세계였다. 거대한 디지털 스크린에서는 K팝 아이돌과 한국의 첨단 기술, 그리고 유명 관광지들이 교차되며 한국의 현재와 전통을 소개하고 있었다. 수많은 탑승 카운터는 해외로 나가기 위한 사람들의 분주하고도 들뜬 모습으로 가득했다.

"경민, 한눈팔지 말고 절대로 안 쌤을 놓치면 안 돼. 이번에 탐방 프로그램 간다고 너희 어머니께서 얼마나 신신당부하셨는지 알고 있지?"

혜민은 익숙한 듯 침착하게 움직이며 탑승 준비를 마쳤다. 반면에 경민은 별천지 같은 공항 풍경에 넋을 잃고 걸음을 멈추기 일쑤였다. 눈이 휘둥그레져 계속 안 쌤과 멀어지다가 혜민의 잔소리에 다시 정신을 차리고 뒤를 쫓았다.

"잠시 후 13시 10분, 13시 10분부터 한국항공 H301 편이 A17 터미널에서 탑승을 시작하겠습니다. 탑승객 여러분께서는 잠시 대기해 주시기 바랍니다."

공항의 큰 창문 너머 활주로를 타고 날아오르는 비행기를 보며 경민이 미국의 화려한 풍경을 상상하는 사이, 혜민은 누군가와 바쁘게 통화 중이었다.

"응, 이제 14시간 뒤면 도착해. 울 학교 선생님이랑 후배인데 너한테도 소개해 줄 거야. 얼른 보고 싶다, 정말 오랜만에 만나는 거잖아!"

혜민이 통화를 마치자 안 쌤이 가방을 집어 들며 말했다.

"자, 모두 비행 준비는 되었겠지? 하던 일들은 정리하고, 침착하게 탑승 준비를 하자."

안 쌤도 약간은 긴장한 기색으로 경민과 혜민을 다독이며 탑승 대기 줄에 섰다.

이 책에 등장하는 '빅테크 탐방 프로그램'은 세계를 이끄는 거대 기술 기업들을 직접 방문하고 그들의 혁신 과정을 배우는 특별한 교육 프로그램입니다. 물론 실제로 존재하는 프로그램은 아니에요. 하지만 이 가상의 여정은 풍부한 자료를 바탕으로 만들어졌답니다. 빅테크 기업들의 보고서, CEO들의 인터뷰, 각종 뉴스 기사와 다큐멘터리 등 다양한 자료를 참고해 최대한 사실적으로 구성했어요. 특히 회사의 역사, 기술 혁신 과정, 기업 문화 등은 실제 자료를 토대로 작성했죠.

이야기 속 경민과 혜민처럼, 여러분도 이 책을 통해 빅테크 기업들을 간접 탐방하게 될 거예요. 구글의 뉴욕 오피스부터 애플 파크, 테슬라 기가팩토리까지…, 비록 직접 방문하지는 못하지만 전 세계를 변화시키고 있는 혁신 기업들의 이야기를 생생하게 경험하게 될 거랍니다.

그럼 경민, 혜민과 함께 미래를 만들어 가는 빅테크 기업들의 세계로 떠나볼까요?

1일차 ● 인천 → 뉴욕

워싱턴주 시애틀은 스타벅스의 발상지이자 마이크로소프트, 아마존 같은 글로벌 기업들이 위치한 곳이에요.

6일차 ● 워싱턴(시애틀),
아마존 & 마이크로소프트

9~10일차 ● 캘리포니아(샌프란시스코)
→ **인천**

7~8일차 ● 네브라스카(오마하),
버크셔 해서웨이 주주총회

5일차 ● 캘리포니아(샌프란시스코),
메타 플랫폼스 → 워싱턴

4일차 ● 캘리포니아(샌프란시스코),
엔비디아 & 애플

캘리포니아는 실리콘밸리를 중심으로 알파벳, 애플, 엔비디아, 넷플릭스, 메타 플랫폼스 같은 세계적인 빅테크 기업들이 가장 많이 모여 있는 곳이에요.

3일차 ● 텍사스, **테슬라**
→ 캘리포니아

텍사스는 넓은 대지와 풍부한 자원을 자랑하며, 석유 산업의 중심지로 에너지 혁신을 이끌고 있어요.

빅테크는 현대의 기술 혁신과 경제를 이끄는 대형 IT 및 기술 기업들을 뜻합니다. 이들은 인터넷, 소프트웨어, 하드웨어, 인공지능(AI), 전자상거래, 클라우드 컴퓨팅 등 다양한 분야에서 선두를 달리며 전 세계적으로 막대한 영향력을 발휘하고 있습니다.

매그니피센트 세븐(M7)은 빅테크의 핵심 기업 7곳을 뜻하는 비공식 용어입니다.

매년 5월 오마하에서는 워런 버핏이 이끄는 버크셔 해서웨이의 주주총회가 열려요.

2일차 ● 뉴욕, **구글** → 텍사스

뉴욕은 자유의 여신상, 타임스 퀘어, 브로드웨이 등으로 유명한 미국의 대표 도시로, 세계 경제와 문화의 중심지입니다. 구글(알파벳)의 본사는 캘리포니아 실리콘밸리에 있지만 이 책에서는 구글 뉴욕 오피스부터 방문할 거예요!

C O N T E N T S

01

세계 금융의 중심,
뉴욕에서 구글을
마주하다

세계 금융의 수도, 뉴욕에 입성하다

'존 F. 케네디 공항에 오신 걸 환영합니다. 이곳은 미국의 관문이자 세계의 수도 뉴욕입니다. 당신의 미국 여정을 응원합니다!'

낯선 공기가 느껴지는 뉴욕의 존 F. 케네디 공항. 입국 심사대 앞에 선 경민의 긴장감은 대기 인원이 줄어들수록 점점 더 커졌다. 심사대에 앉아 있던 건장한 미국인 심사관이 경민을 내려다보며 말했다.

"안녕, 친구! 무슨 일로 미국에 입국하려고 하나요?"

경민은 미리 준비한 영어로 또박또박 대답했다.

 "저는 한국에서 온 중학생입니다. 빅테크 탐방 프로그램에 선정돼 미국에 오게 됐어요. 여기 비자도 있어요!"

심사관은 미소를 지으며 말했다.

"좋아요. 당신의 입국을 환영합니다. 기회의 땅, 미국에서 많은 걸 보고 듣고 배워 가요!"

"음?"

경민은 심사관의 길고 복잡한 영어에 당황한 눈치였다.

"경민, 이제 끝났으니까 그냥 지나가면 돼."
뒤에서 순서를 기다리던 혜민이 나지막이 말했다.

셋은 무사히 입국 심사를 마치고 드디어 미국 땅을 밟았다.
안 쌤도 안도의 한숨을 내쉬며 입을 뗐다.

"다들 고생했다. 비행만큼 입국 심사가 만만치 않은데,
벌써 그 두 가지를 해냈구나. 그럼 호텔로 이동하자."

공항에서 뉴욕으로 향하는 지하철 안, 마천루 사이로 비치는
노을이 빌딩 유리창에 반사되어 도시 전체가 황금빛으로 물들
어 있었다.

"선배, 여기가 정말로 뉴욕이에요?"

"그래, 맞아. 지금 지나고 있는 곳은 브
루클린이야. 예전에는 이곳이 폐공장 지대
였대. 그런데 우리의 목적지인 맨해튼섬의
물가가 굉장히 비싸거든. 그러다 보니 맨
해튼섬에서 밀려난 가난한 예술가들이 이
곳으로 모여들어 정착하면서 현재와 같이

브루클린은 뉴욕에서 가
장 인구가 많은 지역으
로, 예술과 창의적인 분위
기로 유명한 곳입니다.

맨해튼은 세계 경제와
금융의 중심지로, 뉴욕
에서 가장 번화한 지역
입니다. 월스트리트(월
가), 타임스퀘어, 센트럴
파크 등이 모두 이곳에
있습니다.

뉴욕 브루클린의 명소 '덤보'

굉장히 아름다운 곳으로 거듭났다고 해!

   특히 덤보DUMBO라는 지역은 꼭 가봐야 할 곳 중 하나야. 옛날 공장 건물들을 개조해서 예술 갤러리나 카페로 만든 곳이 많거든. 구글이나 메타 같은 빅테크 기업들의 뉴욕 오피스가 많이 있는 지역이라, 테크 삼각지Tech Triangle라고 불리기도 해. 여러 스타트업과 기술 기업들이 이곳에 모여들고 있어."

3년 만이야, 나의 베프!

지하철은 브루클린과 맨해튼을 잇는 다리를 건너, 숙소인 플라자 호텔 근처 59번가 역에 도착했다.

"자, 숙소에 짐을 풀고 숨 좀 돌려볼까? 그러고 나서 저녁 먹으러 나가 보자."

잠시 후, 로비. 혜민이 앞장섰다.

"오늘 저녁은 제가 안내할게요. 저만 따라오세요!"

"아, 맞다. 혜민이가 뉴욕에 살았었다고 했지."

일행은 혜민을 따라 상점이 즐비한 5번가를 거닐었다. 애플 스토어의 유리 큐브가 반짝이는 5번가에는 세계적인 명품 매장들이 줄지어 있었고, 하늘 높이 뻗은 빌딩들이 시선을 압도했다.

뉴욕의 5번가는 세계적으로 유명한 거리로, 명품 상점들과 화려한 빌딩들로 가득합니다. 이곳은 쇼핑뿐 아니라 뉴욕의 상징적인 모습을 볼 수 있는 장소로도 유명합니다.

그때, 저 멀리서 키가 큰 여학생이 손을 흔들며 달려왔다.

"혜민아! 여기야, 여기!"

"올리비아, 와 줬구나. 고마워!"

안 쌤과 경민은 서로를 쳐다보며 눈을 크게 떴다.

뉴욕 5번가. 애플 스토어의 유리 큐브가 보이시나요?

"쌤, 누군지 아세요?"

"글쎄, 나도 잘 모르겠다."

어리둥절한 두 사람을 뒤로하고, 혜민과 올리비아는 길에서 손을 마주 잡고 폴짝폴짝 뛰었다.

"아차! 소개가 늦었네요. 여기는 올리비아! 제가 뉴욕 살 때 같이 학교에 다녔던 친한 친구예요."

 "안녕하세요, 반갑습니다. 저는 올리비아 밀러예요. 편하게 올리비아라고 불러 주세요."

안 쌤과 경민은 환한 미소를 띤 올리비아에게 인사를 받으며 얼떨결에 함께 손을 흔들었다. 큰 키에 커다란 가방을 메고 나타난 외국인 소녀의 등장에 경민은 횡설수설했다.

"마이 네임 이즈 어…. 아임 코리안! 웰컴 투 … 코리아? 아니, 뉴욕!"

"괜찮아요. 편하게 한국말로 하세요. 외할머니가 한국 분이셔서 저도 한국어를 좀 할 줄 알아요."

5년 전 혜민은 아버지의 회사 일로 가족들과 함께 뉴욕에 와서 2년간 학교를 다닌 적이 있었다. 그 당시 자신과 비슷하게 똑 부러지는 성격을 가진 올리비아와 단짝이 되었고, 이번에 뉴욕에서 올리비아를 만나기로 했던 것이다. 올리비아 또한 혜민을 만나기 위해 한걸음에 달려왔다.

"시간이 늦어서 식당가가 대부분 문을 닫았어요. 그래도 여기까지 왔는데 뉴욕 명물을 먹어 봐야 하지 않겠어요? 지금 이곳이 53번가니까…. 저기가 좋겠네요!"

화려한 전광판들이 빛나는 53번가, 노란 푸드트럭 앞에 긴 줄이 이어져 있었다.

"여기도 노점상이 있나 보구나."

"네, 할랄가이즈라는 길거리 음식인데 가격도 싸고 양도 푸짐해서 뉴요커뿐만 아니라 많은 관광객들이 정말 좋아해요."

네 사람은 길게 늘어선 줄을 따라 한참 동안 기다린 후에 노란 후드티를 입은 사람에게서 음식을 받았다. 노점상의 주인인 듯했다. 밥, 고기, 샐러드, 빵에 소스를 뿌려 먹는 음식이었다.

각자 한 세트씩을 샀는데, 경민은 다른 사람들이 반을 먹기도 전에 다 먹어 치우고 아쉬운 눈치였다. 비행기에서 내리기 두어 시간 전에 식사를 하고 나서는, 공항에서부터 배가 고프다고 노래를 부르던 차다.

입맛을 다시는 경민에게 혜민이 달래듯 말했다.

"경민아, 앞으로도 맛있게 먹을 게 많아! 첫날부터 과식했다가 배탈이라도 나면 오히려 손해라고!"

올리비아가 '푸하하' 하고 웃음을 터뜨렸다.

"한 살 차이라면서, 너무 동생처럼 대하는 것 아니야?"

그 말에 경민이 뭐라 한 마디를 덧붙이려는데, 올리비아가 재빠르게 말했다.

"내일은 제가 아주 멋진 곳을 소개해 드릴 테니 기대하세요! 그럼 오늘은 이만 헤어져야죠? 세 분 모두 피곤할 테니 뉴욕의 아름다운 밤을 즐기며 편히 쉬세요. 내일 아침에 다시 만나요."

올리비아와의 짧은 첫 만남을 뒤로 하고, 셋은 다시 숙소인 플라자 호텔로 돌아왔다. 호텔 로비에 들어서자 안 쌤이 아이들에게 이야기를 건넸다.

"이 플라자 호텔에 얽힌 재미있는 이야기가 있단다."

> **플라자 호텔**은 뉴욕의 상징적인 호텔로, 역사적인 사건과 영화에 자주 등장했습니다. 특히 1985년에는 '플라자 합의'라는 회의가 열렸는데, 이 회의는 일본의 경제와 환율에 큰 영향을 끼쳤습니다. 영화 〈나 홀로 집에 2〉의 촬영지로도 유명하답니다.

"오, 뭔데요?"

"아주 오래전 〈나 홀로 집에 2〉라는 인기 영화가 있었어. 주인공 케빈이 뉴욕에 와서 플라자 호텔에 묵게 되는데, 그때 로비에서 한 중년 남성과 마주친 후 그에게 길을 물어. 그 사람이 누구였을 것 같니?"

"글쎄요…, 저는 뉴욕에 아는 사람이 없어서 잘 모르겠어요."

경민이 심드렁한 표정으로 대답했다.

"바로 도널드 트럼프 대통령이야. 트럼프 대통령은 미국에서 부동산 재벌로 모르는 사람이 없을 정도로 유명한데, 바로 이 플라자 호텔이 그의 소유였기 때문에 출연할 수 있었어."

플라자 호텔의 정경(왼쪽), **〈나 홀로 집에2〉에 출연한 트럼프 대통령**(오른쪽)

경민은 '트럼프'라는 이름을 듣자 놀라며 말했다.

"우리가 영화 속 그 호텔에 묵는 거군요?"

"맞아, 그런 셈이지. 하하!"

듣고 있던 혜민도 거들었다.

"도널드 트럼프는 2024년 대선에서 다시 미국의 대통령으로 당선되기도 했고요! 그리고, 쌤! 그것도 있잖아요, 플라자 합의요. 여기 플라자 호텔에서 G5프랑스, 서독, 일본, 미국, 영국들의 회의가 있고 나서 일본 엔화 가치가 폭등값이 갑자기 뛰어오르는 것했던 사건이죠?"

"역시 혜민이는 모르는 게 없구나. 1985년 9월 22일, G5 국가들의 재무장관들이 이곳에 모여 각국 환율에 대한 합의를 했단다. 플라자 호텔에서 이루어진 합의라서 '플라자 합의'라고 불러. 그 자리에서 일본의 엔화가 고평가를 받아 폭등하자, 그것이 단초가 되어 일본 버블 경제가 시작되었지."

"엔화? 버블?"

경민이 고개를 갸웃거렸다.

"잘 모르겠지만…, 갑자기 드는 생각인데요. 혹시 지금의 빅테크도 버블일까요? 버블거품이면 꺼질 수도 있는 거잖아요? 꼭 거품처럼 사라지지 않더라도, 애플이나 구글 같은 회사들이 계속 커질 수 있는 걸까요?"

"좋은 질문이야."

안 쌤이 말했다.

"그 질문에 대해서는 내일부터 우리가 직접 확인해 보도록 하자꾸나. 이 플라자 호텔이 금융 역사의 현장이었다면, 우리는 이제 기술 혁명의 현장으로 떠나는 거야. 일단 오늘은 푹 쉬고, 내일 올리비아가 과연 어디를 소개해 줄지 기대해 볼까?"

셋은 각자 방으로 흩어져 다음 날을 기약하며 잠을 청했다.

구글은 어떻게 시작되었을까?

다음 날 아침, 플라자 호텔의 로비에 안 쌤과 혜민이 먼저 내려와 기다리고 있었다.

"경민이는 아직 안 나왔나 보구나."

"글쎄, 새벽에 센트럴 파크를 구경하겠다고 혼자 나갔다 왔대요. 얼마나 위험한지도 모르고…. 여하튼, 지금 부랴부랴 나오고 있나 봐요."

그때 멀리서 경민이 허둥지둥 가방을 들고 뛰어왔다.

"죄송합니다! 아이코, 다들 먼저 나와 계셨네요."

"경민, 해외에서는 쌤이 너의 보호자니까 쌤과의 약속을 꼭 지켜야 해. 혼자 위험하게 밖을 돌아다니는 것도, 지각하는 것도 모두 쌤과의 약속을 어기는 거야."

혜민의 의젓한 꾸지람에, 경민은 주눅이 든 채 고개를 숙였다.

"죄송합니다…."

안 쌤이 경민의 어깨를 토닥이며 앞장섰다.

"녀석, 오늘 이 시간부터 쌤이 너의 보호자임을 잊지 말도록!"

"네!"

일행은 호텔을 나와 지하철 역으로 향했다.

"올리비아가 14가 역에서 보자고 했어요. 아마 첼시 마켓을 보여 주려나 봐요."

뉴욕의 지하철은 낡은 시설과 특유의 냄새로 유명하지만, 그만큼 독특한 생동감이 넘쳤다. 잠시 후, 역 밖으로 나온 세 사람을 기다리고 있던 건 올리비아뿐만이 아니었다.

 "안녕하세요, 구글 뉴욕 오피스의 제롬입니다. 올리비아의 아버지이자 뉴욕 지사 인사 담당자죠. 딸아이의 친구들이 온다고 해서 회사에 이야기하고, 구글 소개를 맡게 됐습니다."

셋은 놀라움을 감추지 못했다. 혜민의 친구가 뉴욕에 산다는 것만으로도 든든했는데, 그 친구의 아버지가 구글 직원이라니!

"마침 저희도 빅테크 탐방 프로그램으로 미국에 온 건데, 이렇게 직접 소개해 주신다니 진심으로 감사드립니다."

안 쌤은 제롬과 정중하게 인사를 나눈 뒤, 구글 뉴욕 오피스의 외관을 둘러보았다. 첼시 마켓의 역사적인 건물을 개조한 이

곳은 구글의 동부 허브중심지, 거점답게 웅장했다. 이 건물은 한때 항만청선박이 드나드는 항만을 운영하는 행정기관이 있던 곳이었지만, 지금은 첨단 기술의 심장부가 되어 있었다.

경민도 제롬에게 인사를 건넸다.

"안녕하세요! 전 경민이에요. 구글 하면 실리콘밸리가 떠오르는데, 뉴욕에도 이런 큰 사무실이 있다니 신기해요."

"반가워요, 경민. 맞아요. 구글 본사는 실리콘밸리의 마운틴뷰에 있죠. 물론 처음 시작은 스탠퍼드 대학교 근처 멘로파크의 차고에서였고요."

구글 뉴욕 오피스(옆 페이지) / **구글이 시작된 멘로파크의 차고**(위)

"차고요? 그게 뭐예요?"

"아, 미국은 한국과 좀 달라요. 뉴욕 같은 크고 복잡한 도시를 제외하면 대부분 마당 있는 집들이 많거든요. 집마다 자동차를 넣어 둘 수 있는 차고가 있어요.

차고는 대체로 넓고 크죠. 그래서 가난한 대학생들은 부모님의 차고 혹은 다른 이의 차고를 빌려 꿈을 키우곤 했어요."

경민은 곰곰이 생각했다. 경민이네 아파트에는 주차장은 있어도, 차고는 없었다.

"저처럼 도시에 사는 사람들은 차고가

차고 창업은 미국에서 유래한 개념으로, 주택의 차고를 활용해 사업을 시작하는 것을 말합니다. 구글뿐만 아니라 애플, 마이크로소프트 같은 기업도 차고에서 시작했죠. 비용을 절약하며 창업 아이디어를 실현할 수 있는 공간으로 차고를 활용한 거예요.

없어서, 구글처럼 훌륭한 회사를 만들 수 없겠군요⋯."

풀이 죽은 채로 말하는 경민에게 혜민이 웃으며 말했다.

"노노! 전혀 그렇지 않아. 창업자들이 차고를 쓴 건 그냥 빈 공간이 필요해서였을 뿐이야. 학생들이 기숙사나 학교 동아리 방에 모여서 삼삼오오 창업하는 경우도 많대."

제롬도 거들었다.

"맞아요. 구글을 만든 것도 두 명의 대학원생이었어요. 래리와 세르게이라는 친구들이 '더 좋은 검색 방법이 있지 않을까?' 고민하면서 시작됐죠."

스탠퍼드에서 시작된 전설

제롬은 일행을 구글 뉴욕 오피스 내부로 안내하며 이야기를 이어갔다.

"경민과 혜민은 아직 중학생이라 실감 나지 않겠지만, 4년 뒤면 대학에 갈 나이잖아요?"

혜민이 진지한 눈빛으로 말했다.

"고등학교에 가면 입시 지옥이 시작될 텐데요, 벌써 스트레스가 이만저만이 아니에요. 그래도 전 꼭 경제학과에 가고 싶어요. 투자도 재미있고, 경제 이야기 하는 게 정말 즐겁거든요."

"그렇군요! 한국의 대학 입시가 굉장히 어렵다고 들었어요. 형태는 조금 다르지만, 미국 학생들에게도 대학 입시는 굉장히 중요하죠.

구글의 창업자 래리 페이지는 아주 어린 시절부터 컴퓨터를 갖고 작업하는 걸 좋아했어요. 그래서 일찍부터 컴퓨터 공학과에 가겠다고 생각했고, 자신만의 특기를 살려 미국에서도 컴퓨터 공학으로 유명한 미시간 공과대학으로 진학했어요."

설명을 듣던 경민이 궁금한 게 생각난 듯 불쑥 물었다.

"그런데 아까 스탠퍼드에서 만났다고 하지 않으셨어요?"

제롬은 고개를 끄덕이며 말했다.

"대학을 졸업한 후, 래리는 스탠퍼드 대학원으로 진학했어요. 유명 IT 회사들이 모여있고, 인재들이 몰려드는 실리콘밸리가 자신의 컴퓨터 공부에 도움이 될 것이라 믿었기 때문이죠.

스탠퍼드에서 래리는 정말 새로운 세상을 만났다고 해요. 수

실리콘밸리란?

미국 캘리포니아에 위치한 실리콘밸리는 세계적인 IT 기업들이 모여 있는 기술 중심지입니다. 구글, 애플, 메타플랫폼스(페이스북) 같은 기업들이 이곳에서 시작되었죠. 실리콘밸리의 성공 비결 중 하나는 인근에 세계적인 명문 대학들이 있다는 점이에요.

스탠퍼드 대학교 수많은 창업자를 배출한 실리콘밸리의 핵심 대학으로, 래리 페이지와 세르게이 브린도  이곳에서 만나 구글을 창업했어요.

UC 버클리(캘리포니아 대학교 버클리 캠퍼스) 공학, 컴퓨터 과학, 경영학 등에서 세계적으로 유명하며, 많은 IT 전문가들이 이곳에서 배출되었답니다.

산호세 주립대학교 실리콘밸리의 중심부에 위치해 IT 기업과 협력 프로그램이 활발한 대학입니다.

많은 창업가를 배출한 학교답게 학생들이 기발하고 창의적이었죠. 뛰어난 실력에 자신감도 넘쳤고요."

다시 경민이 물었다.

"래리 페이지가 그곳에서 공동 창업자인 세르게이 브린을 만난 거군요?"

제롬이 환하게 웃으며 답했다.

"맞아요, 세르게이는 래리보다 먼저 스탠퍼드 대학원에서 공부하고 있었어요. 수학 천재로 유명했는데, 성격이 활발해서 인기도 많았대요. 반면에 래리는 조용한 성격이었고, 자기가 좋아하는 걸 깊이 파고들기를 즐겼다고 해요."

이번에는 혜민이 의아하다는 듯 물었다.

"그런 둘이 어떻게 친해진 거죠?"

그러자 올리비아가 웃으며 말했다.

"성격이 다르다고 친구가 될 수 없는 건 아니지. 우리는 성격이 비슷해서 친해졌지만, 너랑 경민이는 성격이 정반대인데도 친해 보이는걸? 둘이 같은 관심사가 있어서 그런 거 아닐까?"

올리비아의 말을 듣고는 경민이 씩씩거리면서 말했다.

"제가 혜민 선배의 잔소리를 워낙 잘 참으니까요!"

"재미있네요. 래리와 세르게이도 성격은 달랐지만 공통점이 있었어요. 둘 다 어릴 때부터 컴퓨터로 문제 해결하는 걸 좋아했거든요."

제롬이 이어서 설명했다.

"1990년대 후반, 인터넷이 막 퍼지기 시작했을 때예요. 당시 검색 엔진으로는 원하는 정보를 찾기가 너무 어려웠어요. 어느 날 두 사람은 과제를 하다가 이 불편함을 뼈저리게 느꼈죠. 정확하지 않거나 유용하지 않은 자료가 검색되기 일쑤였거든요.

그런데 이 둘은 불평만 하지 않았어요. 직접 문제를 해결해 보기로 한 거예요.

둘은 그냥 정보를 찾는 게 아니라, '진짜 필요한 정보를 빨리 찾는 방법'을 연구했어요. 그러다가 마치 인기 있는 식당을 사람들이 많이 추천하는 것처럼, 다른 웹사이트들이 많이 추천하는 페이지가 더 좋은 정보를 가지고 있을 거라고 생각했죠. 이 아이디어를 '페이지 랭크'라고 부르는데, 지금의 구글을 만든 핵심 기술이 됐어요."

페이지 랭크는 웹사이트의 중요도를 점수로 매겨, 가장 유용한 정보를 상단에 보여주는 시스템입니다. 이 아이디어가 오늘날 구글의 시작이 되었답니다.

조용히 듣고 있던 안 쌤이 의미심장한

말을 꺼냈다.

"과제를 하면서 창업을 한다라…, 두 사람도 새겨들어야 할 이야기구나. 너희도 과제를 바라보는 시각을 조금만 바꾸면 새로운 가능성을 발견할 수 있을 거야."

경민이 혜민 뒤로 슬그머니 숨자, 혜민이 얼른 화제를 돌렸다.

"대학원생들이 그런 검색 사이트를 만들었다면, 정말 빠르게 부자가 되었겠는데요?"

시련 없는 영광은 없다

제롬은 일행에게 구글 뉴욕 오피스를 전반적으로 소개한 후, 마지막으로 멋진 라운지로 안내했다. 천장이 높아 개방감이 좋은 라운지는 마치 맨해튼의 특급 호텔 로비처럼 화려한 공간이었다.

라운지에서는 아침 식사는 물론 에스프레소와 말차 같은 음료까지 모두 무료로 제공하고 있었다. 한쪽에는 책과 잡지가 가득했는데, 직원들이 휴식을 취하거나 새로운 아이디어를 떠올릴 수 있는 공간 같았다. 고급스러운 소파에 앉아 이야기 나누는 사람들은 물론이고, 여기저기 놓인 다양한 간식들까지 보니 이곳이 회사인지 카페인지 헷갈릴 정도였다.

이곳의 하이라이트는 직원들을 위한 운동 공간이었다. 헬스장, 스핀바이크, 요가 스튜디오는 물론 무술과 개인 트레이닝까지 할 수 있었다. 나무 바닥 위에서 요가하는 직원들을 보며 혜민은 입을 다물지 못했다.

"역시 잘나가는 회사는 다르네요. 이렇게 맛있는 음식에, 자기계발까지 할 수 있다니. 저도 구글에서 일하고 싶어요!"

"선배, 훈제 송어도 먹어 봐요. 전 아까 미니 햄을 한 접시나 먹었는데, 나중에 먹을 걸 그랬어요."

혜민과 경민의 말을 듣던 제롬이 웃으며 말했다.

"하하! 마음껏 드세요. 다 무료니까요. 비싼 뉴욕 물가에 외식하지 마시고 여기서 실컷 드세요. 아참! 혜민, 아까 구글이 처음 서비스를 시작하고 래리와 세르게이가 금방 부자가 됐을 거라고 했죠?"

"네! 이렇게 멋진 사무실을 보니까 두 사람이 처음부터 쭉 잘나갔을 것 같아서요."

"그렇게 보이겠지만, 사실은 엄청난 어려움을 겪었어요. 대학교 과제에서 시작된 아이디어였으니까 처음엔 정말 작게 시작했죠. 그런데 구글이 인기를 얻기 시작하면서 두 사람이 예상한 규모를 훌쩍 넘어섰어요."

식사를 어느 정도 마친 안 쌤이 궁금한 듯 물었다.

"무료로 서비스를 제공하느라 수익도 나지 않는 상황에서 비용이 많이 들었겠는데요?"

"맞습니다. 학교에서 이용자가 폭발적으로 늘어나면서 서버가 자주 멈췄거든요. 개인 컴퓨터로는 감당이 안 돼서 친구들한테 안 쓰는 하드디스크를 빌리고, 고물상에서 버려진 컴퓨터의 하드디스크를 주워 와서 밤새 조립하는 게 일상이었대요.

둘의 기숙사 방은 금방 컴퓨터 부품으로 가득 찼죠. 하지만 주워 모은 하드디스크만으로는 늘어나는 사용자를 감당할 수 없었어요. 새 서버를 사려면 돈이 너무 많이 들었고, 전기요금만으로도 매달 적자였습니다. 결국 투자금을 구하러 나섰죠."

혜민이 안타까운 듯 두 주먹에 힘을 주며 말했다.

"구글이 이렇게 성공할 줄 알았더라면 진작 투자했을 것 같아요. 물론 그때 제가 어른이었다면 말이죠."

혜민의 말을 들으며 커피를 한 모금 마신 제롬이 다시 이야기를 시작했다.

"하지만 아쉽게도 투자를 받기는 쉽지 않았어요. 이미 여러 검색 사이트가 있었거든요. 게다가 래리가 '검색과 상관없는 광고는 절대 하지 않겠다'고 고집을 부리니, 투자자들은 이 서비스로 돈을 벌기 어려울 거라고 생각했어요."

입안 가득 훈제 송어를 즐기던 경민이 심각한 얼굴로 물었다.

"투자를 못 받으면 망하는 거 아닌가요?"

"그런데 바로 그때, 두 사람의 고집에도 불구하고 투자하겠다는 사람이 나타났어요. 바로 미국의 유명 IT 회사인 '썬 마이크로시스템즈'를 만든 앤디 벡톨샤임이었습니다. 그는 돈뿐만 아니라 아니라 사업 조언도 아끼지 않았대요. 구글의 가능성을 누구보다 먼저 알아보고 적극적으로 도와준 첫 투자자였죠. 무려 10만 달러나 과감하게 투자했어요."

숫자에 밝은 경민이 허공에 손가락을 움직이며 계산하기 시작했다.

"10만 달러면 얼마지? 지금 1달러가 1,400원이니까…."

"1억 4천만 원이야."

혜민의 빠른 답변에 수긍하며 경민은 고개를 끄덕였다.

"지금 구글의 시가총액_{회사의 가치를 돈으로 계산한 것, 《10대를 위한 워런 버}
_{핏 경제 수업》 121페이지 참고}이 2조 원인데, 1억 원은 정말 작은 금액처
럼 보이네요."

"그렇죠? 하지만 당시에는 래리와 세르게이 둘이서 만든 서
비스가 그 정도 투자를 끌어들였다는 것만으로도 기대를 받기
충분했어요. 하지만 그건 시작에 불과했답니다."

제롬은 어깨를 으쓱이며 설명을 이어 나갔다.

'악해지지 말자'

"10만 달러라는 큰돈을 투자받았지만, 두 사람은 자만하지 않
았어요. 오히려 고민이 더 커졌죠. 첫 사무실도 친구 집 차고를
빌려서 쓸 정도로 돈을 아꼈습니다.

그때 차고를 빌려준 사람이 나중에 유튜브 CEO가 된 수전
워치츠키였어요. 친구 몇 명과 함께 그곳에서 사업을 시작했죠.
투자금은 전부 서비스 개선에 썼고, 직원들과는 햄버거나 샌드

위치로 끼니를 때우며 개발에만 몰두했습니다."

이번에는 안 쌤이 궁금증을 참지 못하고 물었다.

"그런데 왜 그렇게까지 아낀 거죠? 차라리 광고를 많이 받아서 돈을 벌고, 그 성과로 다시 투자를 받는 편이 좋지 않았을까요?"

제롬이 어깨를 으쓱하며 설명했다.

"저라도 그랬을 것 같은데, 래리는 단호했어요. '사용자의 경험을 해치고 싶지 않다'는 게 이유였죠. 검색과 상관없는 광고로 불편을 주기 싫었던 거예요. 첫 투자를 받은 후 많은 투자자들이 찾아왔는데, 래리의 이런 고집에 다들 불만이 많았대요."

식사를 마친 올리비아도 거들었다.

"아빠, 저라도 투자한 기업이 돈을 벌지 못하면 투자금을 돌려달라고 할 것 같아요."

"실제로 그런 사람들이 있었단다. 그렇게 힘든 시기를 보내던 중, 구글을 다시 한번 일으킨 아이디어가 등장했어. 바로 검색 결과에 맞는 광고를 보여주는 거였지!"

혜민이 눈을 반짝이며 말했다.

"검색한 내용에 맞는 광고면, 그게 바로 사용자들이 원하는 광고가 되겠는데요?"

제롬이 흐뭇하게 웃었다.

"그렇죠. 야구를 찾았는데 피아노 광고가 뜨면 짜증 나겠죠? 하지만 야구 글러브나 야구장 티켓 광고가 뜬다면? 관심 있는 내용을 보고, 필요하면 살 수도 있으니 훨씬 좋을 거예요.

래리 페이지는 이것이 '악해지지 말자Don't be Evil'고 다짐했던 자신의 초심원래의 마음가짐을 지키면서 구글의 서비스 사용 경험을 높이고 수익까지 가져다주는 훌륭한 발상이라고 생각했어요.

이 아이디어는 정말 혁신적이었죠. 광고를 보는 사람도 좋고 광고를 하는 사람도 좋은 방법이었거든요.

구글은 이렇게 돈을 벌기 시작하면서 주목을 많이 받았어요. 그리고 래리와 세르게이는 또 하나의 중요한 결정을 해요. 자기들은 서비스 개발에만 집중하고, 회사 운영은 전문가에게 맡기기로 한 거죠. 그렇게 찾은 사람이 바로 지금의 구글을 만든 에릭 슈미트 CEO입니다."

제롬은 커피를 한 모금 마시고 이야기를 이어갔다.

"에릭 슈미트는 이미 썬 마이크로시스템즈에서 성공적인 경

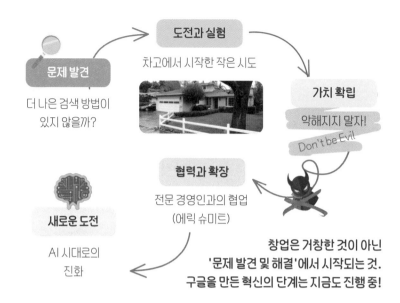

문제 발견
더 나은 검색 방법이
있지 않을까?

도전과 실험
차고에서 시작한 작은 시도

가치 확립
악해지지 말자!
Don't be Evil

협력과 확장
전문 경영인과의 협업
(에릭 슈미트)

새로운 도전
AI 시대로의
진화

창업은 거창한 것이 아닌
'문제 발견 및 해결'에서 시작되는 것.
구글을 만든 혁신의 단계는 지금도 진행 중!

영 경험을 쌓은 IT Information Technology, 정보기술 업계의 베테랑이었습니다. 그는 구글에 와서 컴퓨터밖에 모르던 래리와 세르게이가 어설프게 운영하던 회사를 제대로 된 기업으로 바꾸기 시작했어요. 기술 중심이던 구글에 효율적인 경영 방식을 도입해서 회사를 빠르게 키워 나갔습니다.

물론 두 창업자의 초심을 해치지 않으면서 말이죠. 기술 부분은 창업자들이 맡고, 회사 운영은 에릭이 맡는 방식으로요.

이렇게 전문 경영인의 힘을 빌린 구글은 창업 6년 만에 나스닥이라는 큰 주식시장에 상장주식시장에 자사의 주식을 공개적으로 거래할 수 있도록 등록하는 것하는 데 성공했어요. '더 편리한 검색'과 '악해지지 말자'는 래리의 처음 다짐대로, 사용자를 첫 번째로 생각했던 구글의 승리였죠."

한동안 별다른 말 없이 제롬의 이야기를 들으며 무언가 곰곰이 생각하던 경민이 날카로운 눈빛으로 물었다.

"그런데 구글은 정말 '악해지지 말자'라는 약속을 지금도 지키고 있나요?"

경민의 질문에 제롬은 살짝 미소를 지으며 무언가 생각난 듯한 표정을 지었다.

유튜브와 안드로이드를 품고, 새로운 세계로!

"좋은 질문이에요, 경민. 하지만 그에 대한 답은 잠시 뒤에 할 게요. 이야기는 여기서 끝이 아니거든요. 주식시장에 상장한 뒤에 펼쳐진 일들도 흥미로울 겁니다. 혜민은 요즘 가장 관심 있는 게 뭔가요?"

"저는 쇼츠요! 미국에 와서도 틈틈이 쇼츠를 보고 있어요. 얼마 전 학교 댄스부에 들어가서 아이돌 댄스를 연습하고 있거든요. 우리 댄스부는 쇼츠 덕분에 벌써 구독자가 천 명이 넘었어요!"

혜민이 말을 마치자마자 경민이 끼어들었다.

"아, 저도 유튜브 해요…. 저는 먹방 영상을 올리는데, 사람들이 잘 안 봐요. 재미없나 봐요…."

제롬은 딸아이와 그 친구들을 번갈아 보며 인자한 미소를 지었다. 그리고 다시 목소리를 가다듬으며 말했다.

"역시나 한국의 10대 친구들도 온통 유튜브 이야기군요. 그래요, 미국과 전 세계에서 유튜브는 어느새 필수가 되었죠. 뉴스, 예능, 음악, 스포츠 등 우리가 이동하고 쉬는 모든 시간에 함께

하는 일상이 됐어요."

"정말 그렇습니다. 어른들도 마찬가지로 스마트폰을 켜고 가장 먼저 하는 일이 유튜브를 열어 보는 거니까요."

모처럼 안 쌤이 말을 꺼내자 제롬이 질문을 던졌다.

"그러고 보니 선생님의 휴대전화는 갤럭시네요? 안드로이드를 쓰시는 거죠?"

"맞습니다. 저는 아이폰을 쓰지 않아서 iOS보다 안드로이드에 익숙합니다."

경민이 궁금함이 가득한 표정으로, 오른손을 번쩍 들었다.

"잠깐만요! 안드로이드가 뭐예요?"

그런 경민의 반응이 재미있는지 제롬이 웃으며 설명했다.

"컴퓨터가 대부분 윈도우라는 운영체제를 쓰는 것처럼, 스마트폰에도 운영체제가 있어요. 학교 교칙이나 도시의 교통 체계처럼, 스마트폰을 움직이는 시스템이라 할 수 있죠. 아이폰은 애플에서 만든 'iOS'라는 걸 쓰고, 나머지 대부분의 스마트폰은 구글이 만든 '안드로이드'를 써요.

안드로이드는 구글이 개발한 운영체제로,

> **운영체제**(OS)는 컴퓨터나 스마트폰이 작동하도록 도와주는 기본 프로그램이에요.
> 우리가 사용하는 앱과 하드웨어를 연결해 주는 역할을 하죠.

다양한 제조사에서 사용하는 개방형 플랫폼이에요. 반면 iOS는 애플 기기에서만 사용 가능한 폐쇄형 운영체제죠. 그래서 전 세계적으로 안드로이드를 쓰는 사람이 더 많답니다."

새로운 사실을 알게 된 경민의 목소리가 한껏 높아졌다.

"와! 아이폰 빼고 전 세계 사람들이 쓰는 스마트폰에 다 안드로이드가 들어간다고요? 진짜 대단하네요! 마치 우리가 뭔가 찾을 때 늘 구글이랑 유튜브를 쓰는 것처럼요!"

"눈치챘을지 모르겠지만, 유튜브도 안드로이드도 모두 구글의 것이에요. 정확히는 알파벳이라는 큰 회사 아래 있죠. 구글은 2015년에 알파벳Alphabet이라는 더 큰 회사를 만들어서 사업 영역을 넓혔어요. 유튜브, 안드로이드는 물론이고 인공지능, 자율주행차, 의료 기술 같은 미래 기술에도 관심을 쏟고 있죠. 덕분에 지금은 유튜브로 세계 최대의 동영상 서비스를 운영하고, 안드로이드로 세계 최대의 스마트폰 운영체제를 가진 회사가 됐어요."

알파벳은 구글의 모회사로, 구글의 다양한 사업 부문을 관리하는 회사입니다. 부모가 자녀들을 돌보는 것처럼, 모회사는 자회사들이 잘 운영되도록 지원하고 방향을 제시해요.

"검색엔진뿐 아니라 유튜브와 안드로이

드도요? 이건 누가 만들었나요? 래리가 경영은 전문가한테 맡기고 새로운 서비스 개발에 집중한 건가요?"

스타트업은 창업 초기 단계의 작은 회사로, 혁신적인 아이디어를 통해 빠르게 성장하려는 기업이에요.
구글과 유튜브도 처음에는 스타트업으로 시작했답니다.

"두 회사 모두 각각 **스타트업**일 때 구글이 사들인 거예요. 그때 구글은 검색과 광고로 잘 나가고 있었지만, 동영상 시장은 이제 막 시작되던 때였죠. 구글은 유튜브를 사들이면서 동영상 시장의 선두 주자가 되었어요.

재미있는 건, 2006년에 유튜브를 살 때 사람들이 '왜 이렇게 비싸게 사느냐'고 욕했다는 거예요. 당시 가격이 2조 원16억 달러이었는데, 주식시장에 나온 지 2년밖에 안 된 구글에게는 엄청난 돈이었죠."

"지금은 유튜브를 2조 원에 판다고 하면 전 세계 회사들이 다 달려들 것 같은데요!"

"그렇죠? 근데 그때만 해도 사람들이 지금처럼 동영상을 많이 보지 않았어요. 당연히 수익도 적어서 비난을 많이 들었죠. 그랬던 유튜브가 이제는 구글의 최고 효자가 됐어요. 유튜브 광고로 버는 돈이 어마어마하거든요."

유심히 듣던 혜민이 문득 생각난 듯 서둘러 말했다.

"잠깐, 그건 래리가 처음에 말한 '악해지지 말라'에서 벗어난 것 같지 않나요? 광고 수익만 신경 쓰는 건 초심과 거리가 있어 보여요."

혜민의 말에 제롬의 표정이 잠시 진지해졌다가 이내 미소를 되찾았다.

"좋은 지적이에요. 하지만 유튜브도 구글처럼 사용자들과 관련된 광고를 보여주려 노력하고 있어요. 검색 결과에 맞는 광고를 보여주던 구글의 방식을 그대로 따르고 있죠."

제롬의 말이 채 끝나기도 전에 경민이 또 물었다.

"그럼 구글이 안드로이드를 산 다음에는 어떻게 됐어요?"

"아까도 말했듯, iOS는 애플만의 운영체제라서 다른 회사들은 쓸 수가 없어요.

반면에 삼성, 샤오미, 화웨이, 소니 같은 새로운 스마트폰 회사들은 자기들이 쓸 수 있는 운영체제가 필요했죠. 구글은 이걸 알아채고 안드로이드를 무료로 쓸 수 있게 했어요. 덕분에 빠르게 성장할 수 있었습니다."

이때 혜민이 또 날카로운 질문을 던졌다.

"미국에서는 아이폰 사용자가 많을지 몰라도, 전 세계적으로는 다른 스마트폰을 쓰는 사람이 더 많지 않나요?"

"혜민은 역시 예리하군요. 안드로이드 덕분에 스마트폰 회사들은 새로운 운영체제를 만들 필요가 없어졌어요. 이렇게 누구나 쓸 수 있게 한 덕분에 안드로이드는 빠르게 퍼질 수 있었죠.

지금은 전 세계 스마트폰의 70퍼센트가 안드로이드를 써요. 특히 아이폰 가격이 부담스러운 나라에서는 저렴한 안드로이드 스마트폰의 인기가 더 많아요."

안 쌤도 의견을 보탰다.

"소비자 입장에서는 아이폰 아니면 안드로이드폰 중 하나를 선택해야 하니, 두 운영체제가 사실상 과점소수의 회사가 시장을 지배하는 상태하고 있다고 볼 수 있죠."

"맞습니다. 두 회사가 시장을 독차지하고 있다는 비판이 있는 것도 사실이에요. 그러니 우리도 처음 세웠던 목표인 '악해지지 말자'의 원칙에서 벗어나지 않도록 끊임없이 노력해야 할 테죠."

경민이 뿌듯한 표정으로 안 쌤을 바라보며 말했다.

"쌤! 구글만 둘러봤는데도 컴퓨터와 스마트폰 역사를 모두 본 것 같아요. 구글은 IT의 산증인 아닐까요?"

"그래. 이제 구글은 미국에서 IT 역사의 전설이 됐지. 더 이상 래리와 세르게이만의 회사가 아니라는 뜻이기도 하고. 혜민이 친구 올리비아 덕분에 이렇게 구글 오피스도 구경하고, 제롬 덕분에 구글의 역사도 배우게 됐으니 정말 좋은 기회였어."

모든 대화를 차분히 듣고 있던 올리비아가 환하게 웃으며 말했다.

"저도 우리 아빠가 이렇게 멋진 회사에서 일하고 계신 줄은 몰랐어요. 오늘만큼은 세상에서 제일 자랑스러워요!"

안 쌤이 흐뭇한 표정으로 제롬에게 인사했다.

"제롬, 오늘 구글 오피스도 소개해 주시고, 구글의 역사도 들려주셔서 정말 고맙습니다."

"천만에요! 오늘 좋은 기억만 가져가세요. 다음엔 어디로 가시나요?"

"다음은 텍사스로 갑니다!"

"텍사스요? 하하, 거기서는 정말 대단한 사람이 만든 멋진 회사를 만나 보실 수 있을 거예요. 기대하셔도 좋겠습니다."

일행은 구글 뉴욕 오피스에서의 여정을 마치고 숙소로 돌아왔다. 호텔에서 바라보는 맨해튼의 야경은 굉장했다. 거대하게 솟은 빌딩들 사이로 지나가는 노란 뉴욕 택시들. 밤하늘에 반짝이는 빌딩의 불빛은 뉴욕의 에너지를 상징하는 것 같았다.

텍사스에서 마주할 새로운 풍경과 이야기를 상상하자, 경민의 마음속에 또다시 설렘이 샘솟았다.

'지구 반대편 뉴욕은 이렇게 바쁘고 화려하구나. 내일 가는 텍사스에선 또 어떤 새로운 풍경이 기다리고 있을까?'

구글의 미래 수업

순다 피차이 Sundar Pichai
인도 출신의 미국인 기업인, 현재 구글과 그 모회사인 알파벳의 최고경영자

경민 안녕하세요, 순다 피차이 CEO님! 구글 뉴욕 오피스를 둘러보며 정말 즐거웠고, 이런 혁신적인 환경에서 일해보고 싶다는 생각이 들었어요! 구글에서 일하려면, 어떤 능력을 갖춰야 하나요?

순다 크게 세 가지가 필요합니다. 첫 번째는 인성이에요.

경민 너무 뻔한 답변 아닌가요?!

순다 그렇게 들릴 수도 있겠네요. 하지만 우리에겐 정말 중요한 조건이에요. 누가 시키지 않아도 자발적으로 동료를 기꺼이 도울 수 있는 인성을 갖추길 바랍니다. 간단한 예를 들어 볼까요? 사무실에 쓰레기가 떨어져 있다면 그대로 놔

둘까요, 아니면 주워서 버릴까요? 못 본 척 지나치는 사람이라면 우리 회사와는 맞지 않을 거예요. 그런 사람은 나중에 일을 맡겨도 남에게 미루거나 모른 척할 가능성이 크거든요.

혜민 좋아요, 그런 인성을 기르는 건 마음먹으면 할 수 있어요! 또 어떤 역량이 필요한가요?

순다 두 번째는 지적인 겸손과 수용력이에요. 구글에는 세계 최고의 인재들이 모여 있어요. 스스로에 대한 자신감은 매우 중요하지만, 다른 동료들 역시 대단한 사람들임을 받아들여야 해요. 본인이 갖고 있는 아이디어나 확고한 생각이 있더라도, 동료가 더 좋은 의견을 낼 때는 자기 의견을 바꿀 수 있는 겸손함과 유연함이 필요합니다.

분명 자신의 의견이나 생각이 옳을 수도 있겠죠. 하지만 구글에서는 다른 사람의 의견을 무시하고 갈등을 일으키거나, 직급과 권력으로 답을 정하는 문화는 원치 않아요.

혜민 이건 경민이가 받아들여야겠는데요? 겸손과 수용능력이 부족하잖아!

경민 쉿! 앞으로 겸손해질게요…. 세 번

〈이타적인 인재만 성공하는 이유〉
QR을 스캔하면 조용민 구글 매니저의
세바시 강연 영상으로 이어집니다

째는 제가 잘하는 걸지도 모르잖아요. 그렇죠, CEO님?

순다 하하, 그런가요? 세 번째는 늘 깨어있는 태도입니다. 현실
에 안주하거나 멈춰있는 사람과는 함께 일할 수 없어요.
평범해도 괜찮지만 항상 노력하고 도전하는 모습을 보여
줘야 해요. 우리는 계속해서 세상을 바꾸려고 새로운 시도
를 하고 있거든요. 편한 길만 찾는 사람은 그런 우리와 잘
맞지 않죠. 경민은 준비가 됐나요?

경민 당연하죠! 앞으로 더욱 도전하는 태도를 가지겠습니다!

혜민 요즘 다들 AI인공지능 이야기를 하는데요, 구글은 AI 시대를
맞아 어떤 준비를 하고 있나요?

지적 겸손과 수용력: 타인을 인정

인성: 자발적인 하는 태도 ········· 늘 깨어있는 태도: 끊임없는 혁신

구글이 원하는 인재의 3가지 핵심 능력 : 여러분은 가지고 있나요?

순다 맞아요, 저희도 굉장히 고민이 많습니다. 최근 챗GPT가 나오면서 AI에 대한 기대가 어느 때보다 커졌죠. 구글도 AI가 등장한 지금을 매우 중요한 시기로 보고 있어요. '바드'나 '제미나이' 같은 AI 서비스도 만들고 있고요.

많은 사람들이 '구글이 AI 시대에 뒤처지면 어쩌지?' 하고 걱정하지만, 우리는 전혀 걱정하지 않아요. 구글은 새로운 걸 만들기보다는 좋은 서비스를 찾아서 더 쉽고 편하게 쓸 수 있도록 하는 게 특기거든요.

혜민 맞아요! 구글은 좋은 서비스를 잘 발굴하는 회사였죠!

순다 구글은 검색을 최초로 만든 회사도 아니고, 이메일을 처음 만든 회사도 아니며, 인터넷 브라우저를 처음 만든 회사는 더더욱 아니에요. 하지만 지금은 이 모든 분야에서 가장 편리하고 뛰어난 서비스를 제공하고 있죠.

경민 AI 또한 우리 삶에 녹아들도록 만들 거라는 뜻인가요?

순다 맞아요, AI를 최초로 만드는 것이 중요한 게 아니라, 얼마나 많은 사람들이 AI를 실질적으로 사용할 수 있는지가 중요하니까요.

예를 들어 제미나이를 이용하면 구글 포토에서 특별한 순간의 사진을 쉽게 찾을 수 있고, 필요 없는 사진을 바로 정리하여 중요한 사진만 남길 수 있습니다. 사람이 일일이 찾아가며 삭제하고 정리해야 했던 과거에 비해 수고를 크게 줄이고, 그 시간에 더 추억할 수 있도록 돕는 것이죠.

더불어 이메일에서도 제미나이가 긴 내용을 요약해 주고, 답장할 때 필요한 정보도 추천해 줘요. 이렇게 구글의 서비스들이 AI의 도움으로 더 똑똑해지고 있습니다.

AI는 단순한 도구가 아니라, 우리의 일상에 스며들어 삶의 질을 높이는 데 중요한 역할을 할 것입니다. 구글은 이 변화를 주도하며, AI를 통해 사람들의 생활을 더 편리하고 풍요롭게 만들려고 합니다.

구글은 '악해지지 말자Don't be Evil'라는 윤리적 가치를 회사의 중요한 원칙으로 삼아왔습니다. 하지만 이 원칙이 실제로 지켜지고 있는지에 대해서는 다양한 의견이 있습니다. ▶ 구글과 같은 큰 기업이 '악해지지 말자'는 가치를 실천하기 위해 어떤 노력을 해야 할까요? 여러분이 회사를 운영한다면 어떤 가치를 가장 중요하게 생각할까요?

구글은 검색, 이메일, 브라우저를 '처음' 만든 회사는 아니지만, 이 서비스들을 '가장 편리하게' 만든 회사입니다. ▶ 후발 주자가 시장의 선두가 될 수 있었던 비결이 과연 무엇인지 생각해 보세요.

구글의 창업자들은 회사가 커지자 전문 경영인 에릭 슈미트에게 경영을 맡기고, 자신들은 기술 개발에 집중했습니다. ▶ 좋은 리더는 모든 것을 직접 하는 사람일까요, 아니면 적재적소에 권한을 나누는 사람일까요? 그리고 작은 팀이 큰 기업으로 성장하는 과정에서 필요한 리더십과 팀워크의 요소는 무엇일까요?

구글은 2004년에 나스닥에 상장하면서 자금을 확보해 사업을 확장했습니다. 구글이 유튜브와 같은 회사를 인수한 것도 상장 후 확보한 자금 덕분이었습니다. ▶ 구글의 사례를 참고하여, 상장이 기업에 주는 장점과 단점을 각각 생각해 보세요. 또한 여러분이 미래에 창업을 한다면, 상장을 고려할 것인가요? 그리고 그 이유는 무엇인가요?

02

에너지 산업의 중심,
텍사스에서
테슬라와 조우하다

텍사스에는 아이언맨이 있다?!

뉴욕에서의 여정을 마친 일행은 공항으로 향했다. 짧았던 구글 오피스 투어를 마치고 살짝 지쳐 보이는 경민을 보며, 혜민이 말을 건넸다.

"경민아, 벌써 지친 건 아니지? 이번 빅테크 탐방 프로그램에서는 총 일곱 개의 회사를 방문해야 해. 이제 겨우 도장 깨기 하나 했는데 벌써 이렇게 지치면 어떡해?"

"아니에요, 전혀! 지친 게 아니라…, 미국이란 나라가 얼마나 대단하길래 이렇게 멋진 회사가 일곱 개나 있는지 놀라워서 그래요, 헤헤."

능청스러운 경민의 대답에 안 쌤과 혜민은 서로 바라보며 찡긋 웃었다. 그렇게 세 사람은 두 번째 목적지인 텍사스 오스틴행 비행기에 올랐다.

"선생님, 우리가 텍사스에서 만날 회사는 어디죠?"
"경민아, 이번에는 퀴즈를 하나 낼 테니 맞춰 보렴."

"퀴즈요? 정답 맞추면 상품 있나요?"

"당연하지! 자, 경민이는 마블 스튜디오의 히어로 영화들을 좋아하지? 지금의 어벤져스 시리즈를 있게 해 준 첫 번째 히어로로, 아이언맨에 대해서 잘 알 거야."

"알죠! 정답은 로버트 다우니 주니어!"

"허허, 아직 문제도 안 냈단다. 흥분하지 말고. 영화배우 로버트 다우니 주니어가 연기한 아이언맨은 사업에 성공한 천재 과학자인 데다 미디어 노출을 즐기는 괴짜 영웅이었지. 로버트 다우니 주니어가 그런 아이언맨을 연기하기 위해서 참고한 실제 사업가가 있어."

"실제로 아이언맨 같은 사업가가 있다고요?"

"아이언맨처럼 미디어 노출을 피하지 않고, 굉장히 똑똑하고, 혁신적인 사업을 연이어 모두 성공시킨, 21세기 가장 스타성 높은 사업가이지. 이 사람이 누굴까~가 오늘의 퀴즈야!"

경민이 명한 표정으로 안 쌤을 바라보는 사이, 혜민이 말했다.

"너무 궁금한데요? 못 맞추겠어요. 그런 사업가가 뉴욕에도 없었는데, 텍사스에 있다고요? 누군데요?"

"너희도 들어봤을 거야. 바로 테슬라의 CEO 일론 머스크란다."

"아주 잘 알죠! 그런데 일론 머스크가 아이언맨의 모델이었다니, 이건 또 새로운 사실이네요. 근데 왜 텍사스에 있어요? 설마 테슬라가 텍사스에 있는 건가요?"

이때 다시 혜민이 거들었다.

"맞아! 내가 조사한 건데, 테슬라가 텍사스에 엄청난 규모의 공장을 세웠대. 보통 테슬라의 공장을 기가팩토리라고 하는데, 그중에서도 제일 커서 '테라SI접두어로, 키로, 메가, 기가, 테라, 페타 순서임' 팩토리로 불러야 하는 거 아니냐는 말이 나올 정도야. 여의도에 가본 적 있지? 텍사스 기가팩토리가 여의도 면적의 3.5배나 된다니까 얼마나 큰지 상상이 안 갈 걸?"

"우와…, 어서 갑시다! 기장님, 속도 좀 내주세요!"

일론 머스크의 꿈

뉴욕 JFK 공항에서 5시간을 날아가, 세 사람은 텍사스주 오스틴 버그스트롬 공항에 도착했다. 도심으로 가는 버스에서 안 쌤과 경민은 나란히 앉았고, 혜민은 조금 떨어진 자리에 앉았다.

혜민은 특유의 친화력으로 옆자리의 남성에게 말을 걸더니, 금세 친해져 안 쌤에게 말했다.

"쌤! 이번 여행을 도와줄 친구를 찾은 것 같은데요?"

안 쌤 또래로 보이는 남성이 밝게 웃으며 인사를 건네자, 안 쌤도 반갑게 인사하며 이야기를 나누기 시작했다.

"안녕하세요, 오스틴에 살고 있는 저스틴입니다."

"반갑습니다, 저스틴! 혜민이가 많이 귀찮게 하진 않았죠?"

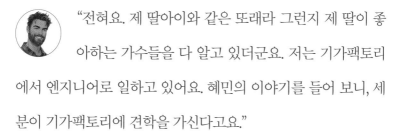

"전혀요. 제 딸아이와 같은 또래라 그런지 제 딸이 좋아하는 가수들을 다 알고 있더군요. 저는 기가팩토리에서 엔지니어로 일하고 있어요. 혜민의 이야기를 들어 보니, 세 분이 기가팩토리에 견학을 가신다고요."

"네, 뉴욕에선 혜민이의 지인이 구글 오피스를 소개해 주었는데, 기가팩토리에서는 어떻게 해야 할지 참 난감하던 차입니다."

"그렇다면 걱정하지 마세요. 제가 회사에 이야기해서 세 분의 기가팩토리 견학을 도와드리겠습니다. 한국에서 온 빅테크 탐방 프로그램에 우리 회사가 포함되어 있어서 영광인 걸요?"

일행은 저스틴의 호의에 기뻐하며 서로 감사의 인사를 전했다. 동시에, 누가 먼저라고 할 것 없이 기가팩토리와 테슬라 탐방에 대한 준비를 서둘러야겠다는 생각이 들었다.

"오늘은 푹 쉬시고, 내일 호텔 앞에 대기할 기가팩토리 셔틀에서 뵙겠습니다."

"고맙습니다!"

저스틴은 두어 정류장 앞에서 먼저 내렸고, 셋은 예약한 호텔 근처에서 내려 체크인을 했다. 그러고는 다들 한 방에 모여 내일 방문할 테슬라에 관해 공부하기 시작했다.

"우리가 내일 방문할 기가팩토리는 혜민이가 비행기에서 설명했다시피 테슬라의 가장 큰 자동차 공장이야. 지금은 사이버 트럭과 모델 Y를 만드는 첨단 공장이지."

"쌤, 일론 머스크는 워낙 다양한 회사들을 경영하고 있잖아요. 어떻게 그렇게 똑똑할 수 있는 거죠?”

“경민이가 궁금한 게 엄청 많을 거야. 우리가 잘 알지 못하는 일론 머스크의 면모에 대해 먼저 이야기해야겠구나. 일론 머스크는 원래 미국인이 아니란다.”

“네? 테슬라를 경영하는 사람이 미국인이 아니라고요?”

“놀랍지? 일론 머스크는 남아프리카공화국에서 태어났어. 많은 사람들이 부잣집 자제로 미국 명문대를 나왔을 거라고 생각하지만, 사실 미국에 오기까지 정말 힘든 길을 걸었단다.”

“말도 안 돼. 일론 머스크는 처음부터 부잣집에서 태어나 행복하게 자랐을 것 같은데…”

실망한 표정의 경민을 보며 안 쌤이 다시 설명을 이어갔다.

“하나만 짚고 넘어가자면, 일론 머스크가 남아공의 부유한 집안에서 태어난 건 맞아. 하지만 아버지와의 관계가 좋지 않았대. 정서적으로 학대도 받았다고 해. 게다가 몸도 약해서 친구들한테 괴롭힘을 당하고 병원에 실려 가기도 했으니, 결코 행복한 어린 시절은 아니었던 거지.”

“일론 머스크가 왕따였다고요?”

“지금 모습만 보면 상상이 안 되지? 그런 힘든 10대를 보내면서 일론 머스크는 깨달았대. 자기 꿈을 이루기엔 남아공이 너무 좁다는 걸. 그래서 미국행을 결심했지."

혜민이 호기심 가득한 눈으로 물었다.

"그래서 미국으로 유학을 갔나요?"

"그러면 좋았겠지만, 미국으로 바로 이민을 갈 수 있는 환경은 아니었어. 대신 캐나다로 먼저 갔지. 혼자서 아르바이트를 하면서 생활비를 벌었고, 퀸스 대학교에 들어갔단다."

"우리가 흔히 생각하는 유학과는 많이 다르네요."

"그래, 그렇게 퀸스 대학교에서 공부하면서 미국 대학 편입을 준비했고, 2년 뒤 펜실베이니아 대학교로 옮기는 데 성공했어."

"와, 머나먼 여정 끝에 드디어 미국 대학생이 된 거군요!"

"결국 자기 꿈을 위해 미국까지 오게 된 거야. 자, 오늘은 여기까지 하고, 내일은 일론 머스크가 어떻게 테슬라 CEO가 됐는지 알아보자꾸나."

다음 날 나누게 될 테슬라 이야기에 대한 기대 속에 경민은 여느 때와 달리 스마트폰을 내려놓더니 바로 잠자리에 들었다. 한편, 자기 방으로 돌아가 잠든 혜민의 손에는 일론 머스크에 대한 이야기가 가득 담긴 스마트폰이 쥐어져 있었다.

테크 업계를 점령한 마피아의 진짜 정체

다음 날 아침, 경민은 로비에 가장 먼저 내려와 있었다. 혜민에 이어 안 쌤이 오자, 인사도 하는 둥 마는 둥 하더니 급하게 물었다.

"쌤! 어제 일론 머스크가 미국 대학생이 되기까지 얘기해 주셨잖아요. 그다음에 바로 테슬라를 창업한 거예요?"

혜민이 어이없다는 표정으로 경민의 말을 막아섰다.

"쌤은 어제 밤 늦게까지 여행 일정을 다시 짜시느라 잠을 많이 못 주무셨어. 쌤 괴롭히지 말고, 내가 설명해 줄게. 어때?"

"쌤이 해 주는 이야기가 재밌었는데…."

"싫으면 혼자 한국 가서 직접 찾아보든가. 이따가 기가팩토리에 들어가면 설명할 틈이 없을 거야. 그리고 나면 바로 샌프란시스코로 넘어가야 하니까 지금이 아니면 시간이 없다고."

"아, 아니에요, 선배! 하하, 경청할 준비가 되어 있습니다!"

일행은 기가팩토리로 가는 버스 시간을 확인했다. 아직 15분 정도 여유가 있었다.

"좋아. 쌤이 일론 머스크의 대학 시절까지 얘기해 주셨지? 대학교를 마치고 대학원에 가서 공부를 더 할지 고민하던 일론 머스크는 갑자기 불안해지기 시작했어."

"왜요? 대학원에 가면 공부가 더 힘들어서요?"

"아니, 주변에 있는 실리콘밸리 친구들은 너도나도 창업하면서 돈을 버는데, 자기만 공부하고 있자니 조급해진 거지."

"그럼 대학원을 안 갔어요?"

"응, 대신에 동생이랑 ZIP2라는 회사를 차렸어."

"뭐 하는 회사였는데요?"

"온라인 광고를 도와주는 회사였어. 그때만 해도 인터넷이 있긴 했지만 다들 어떻게 써야 할지 잘 몰랐거든. 회사들이 인터넷으로 홍보하고 싶어도 방법을 몰라서 ZIP2의 도움을 받았지."

"오! 시대를 잘 읽었네요."

"그랬나 봐. 〈뉴욕타임스〉라는 유명 신문사에서도 관심을 보였고, 덕분에 ZIP2는 유명해졌어. 투자자들도 몰려들기 시작했고."

ZIP2는 1990년대 인터넷 초기 시절, 기업 정보를 지도와 연결해 주는 서비스를 제공한 회사입니다. 당시로서는 혁신적인 서비스였으며, 인터넷을 활용해 사업 홍보를 돕는 첫 사례 중 하나로 꼽힙니다.

"첫 창업부터 대박이었네요? 진짜 대단한 능력! 부럽다…. 그럼 그 회사가 나중에 테슬라가 된 건가요?"

"아니, 그렇지 않아. 이야기를 이어 나가 보자구! 첫 창업은 성공했지만, 일론 머스크 형제는 자기들이 경영을 잘 못한다고 생각해서 전문 경영인을 영입했어. 근데 회사가 커질수록 이상하게도 형제들의 입지가 자꾸 좁아지더래."

"사업이 잘되는데, 왜 머스크 형제의 입지가 줄어든 걸까요?"

"소유와 경영이 분리되어 있었거든. 다시 말해, 회사를 가진 사람이랑 실제로 운영하는 사람이 달랐어. 일론 머스크가 회사 지분을 많이 가지고 있긴 했지만, 새로 온 경영진과 투자자들은 머스크 형제의 방식 대신 더 효율적인 방법을 원했지.

결국 형제는 회사를 떠나게 됐고, 회사가 비싼 값에 팔리면서 일론 머스크는 가지고 있던 지분 덕분에 200억 원이란 큰돈을 받게 됐어."

"자기가 시작한 회사였는데, 점점 밀려나더니 결국 돈 받고 나와야 했네요. 그래도 200억 원이면 엄청난데요?"

"그렇지? 우리 같으면 그 돈으로 편하게 살았을 텐데…. 일론 머스크는 바로 다음 사업을 구상했어. 이런 걸 연쇄사슬처럼 이어지는 것 창업이라고 하는데 말이야, 그의 다음 사업은 뭐였을까?"

경민은 주저 없이 큰 소리로 대답했다.

"테슬라!"

"땡! 이번엔 전혀 다른 분야인 금융 사업을 시작했어."

트위터 전에 엑스닷컴이 있었다

"처음엔 온라인 광고 회사를 창업하더니, 다음엔 금융이요? 금융은 좀 구시대적이지 않나요?"

"아니, 그렇지 않아. 일론 머스크는 괴짜 창업가답게 금융 분야에서도 혁신을 이룰 부분이 있다고 생각했어. 그리고 1999년, 스마트폰은커녕 휴대전화도 흔치 않던 시절에 이메일 주소만으로 돈을 보낼 수 있는 서비스를 시작했어. 그게 바로 엑스닷컴 x.com이지."

"우리나라에도 비슷한 서비스가 있잖아요! 토스, 카카오페이! 스마트폰만 있으면 돈을 보낼 수 있는 서비스요."

"맞아, 한국에서는 2010년대 후반에 등장한 서비스가 미국에서는 20세기 마지막 해에 나온 거야. 역시 미국은 괴짜도 보통

이 아니라, 대단한 사람이 많지?"

"역시 말은 제주로, 사람은 미국으로 가
야 한다더니…."

"그런 말은 또 어디서 주워듣고 지어내
는 거니?(웃음) 아무튼 엑스닷컴은 혁신적
인 아이디어를 인정받아 큰 투자를 받고,
나중에는 회사 이름을 페이팔로 바꾸게 됐어."

엑스닷컴은 이메일을 통
해 간편하게 송금을 할
수 있는 시스템을 도입
한, 당시로서는 매우 혁
신적인 서비스였습니다.
이후 페이팔로 이름을 바
꾸면서 사용자가 크게 늘
어났고, 온라인 결제의
대명사로 자리 잡았죠.

"저도 들어봤어요. 지금도 유명한 미국의 핀테크 회사죠?"

"역시 아는구나? 맞아, 페이팔은 미국에서 크게 성공한 금융
서비스가 됐지. 이 회사를 만든 게 바로 일론 머스크고. 근데 재
미있게도, 여기서도 사업 방향을 두고 직원들과 갈등이 생겼어.
그러다 일론 머스크가 잠깐 호주로 휴가를 가자, 직원들이 새로

스마트폰 송금

온라인 간편결제

디지털 화폐

파이낸스 (금융) + 테크놀로지 (기술) = 핀테크

핀테크란 스마트폰이나
인터넷으로 간편하게 돈
을 보내고 관리할 수 있
게 해 주는 혁신적이고
새로운 금융 서비스를 가
리킵니다. 온라인 쇼핑의
간편결제 서비스, 스마트
폰 송금 등은 모두 핀테
크 사례입니다.

운 CEO를 뽑아버렸대. 휴가에서 돌아온 일론 머스크는 자기가 CEO 자리에서 밀려나는 걸 지켜볼 수밖에 없었다는 거야."

"ZIP2랑 똑같네요. 그럼 이번에도 회사가 팔렸나요?"

"그래, 맞아! 이번엔 이베이라는 큰 온라인 쇼핑몰에서 페이팔을 2조 원에 가까운 돈으로 샀어. 덕분에 일론 머스크는 자기 주식을 팔아서 3천억 원이 넘는 돈을 받게 됐지.

또다시 자기가 창업한 회사에서 쫓겨났지만 이전보다 더 큰 돈을 벌게 된 셈이야."

"진짜 운이 좋은 건지, 실력이 좋은 건지! 사람들이랑은 안 맞아도 돈을 잘 버는 재능이 있나 봐요!"

"하나 더 재미있는 사실을 알려줄까? 일론 머스크는 자기를 쫓아낸 사람들이랑 지금도 잘 지낸대.

페이팔에는 실력자들이 많았거든. 이 사람들이 나중에 유명한 IT 회사를 여럿 세웠어. 그래서 '페이팔 출신'이라고 하면 다들 높이 평가하고 인정한대. 이런 사람들을 '페이팔 마피아'라고 부르기도 해."

"진짜 마피아는 아닌 거고, 재미있는

페이팔 마피아는 페이팔에서 일했던 인재들이 나중에 IT 회사를 창업해 큰 성공을 거둔 사례를 말합니다.
이들은 유튜브, 링크드인, 팔란티어 같은 혁신적인 회사를 설립하며 IT 산업의 선두 주자가 되었습니다.

비유인 거네요. 어떤 사람들인데요?"

"대표적으로 유튜브 창립자인 스티브 첸도 페이팔 출신이야. '회사원들의 SNS'로 유명한 링크드인 창업자인 리드 호프먼이란 사람이 있는데, 그는 앞장서서 일론 머스크를 페이팔의 CEO 자리에서 끌어내린 당사자라고 해.

일론 머스크 대신 CEO가 된 피터 틸은 페이스북에 처음으로 투자한 사람으로도 유명해. 지금은 40조 원이 넘는 AI 기업 팔란티어도 세웠고 말이지."

나의 미래 :		함께 할 친구들
리드 호프먼 링크드인 공동창립자	**체드 헐리** 유튜브 공동창립자	이름 :
일론 머스크 테슬라 CEO	**스티브 첸** 유튜브 공동창립자	미래 :
키스 라보이스 스퀘어 COO	**자베드 카림** 유튜브 공동창립자	이름 :
데이비드 색스 크래프트 벤처스 공동창립자	**피터 틸** 페이팔, 팔란티어 창립자	미래 :
프리말 샤 기바 대표	**제레미 스토펠만** 옐프 공동창립자	이름 :
맥스 레브친 페이팔 공동창립자	**데이브 맥클루어** 500스타트업 공동창립자	미래 :
러셀 시몬스 옐프 공동창립자	**로엘로프 보타** 세콰이어캐피털 매니징 파트너	

일론 머스크와 '페이팔 마피아'들을 나와 내 주변에 대입시켜 본다면?

"엄청난데요? 페이팔 출신들이 미국의 IT 업계를 주름잡고 있다고 해도 과언이 아니네요."

"물론이지. 일론 머스크도 두 번의 창업으로 자기만의 특별한 능력을 확실히 보여줬고 말이야."

"와, 15분 가까이 이야기를 들었는데 아직도 테슬라가 등장하지 않았다니! 어, 저기 우리 셔틀버스가 왔어요."

일행을 태우기 위해 도착한 셔틀 안에서 오늘 만나기로 한 저스틴이 일행에게 손을 흔들고 있었다.

기가텍사스, 아찔했던 테슬라의 여정

"굿모닝! 다들 잘 주무셨나요?"

저스틴이 밝은 얼굴로 일행을 맞이했다. 안 쌤은 어젯밤 늦게까지 여행 일정을 조정하느라 피곤했는지, 셔틀에 타자마자 깊이 잠들었다. 경민은 혜민이 들려준 일론 머스크 이야기를 곱씹으며 저스틴과 무슨 이야기를 할지 고민하고 있었다.

그때 혜민이 저스틴에게 먼저 말을 걸었다.

"저스틴! 우리를 반갑게 맞아줘서 고마워요. 기가텍사스까지는 얼마나 걸리나요?"

"30분이면 충분할 거예요. 가는 동안 일론 머스크의 테슬라 이야기를 들려 드릴까요?"

"와! 딱 좋아요. 경민이가 계속 테슬라 이야기를 듣고 싶어 했거든요. ZIP2랑 페이팔 성공 스토리까진 말해 줬어요."

혜민은 이제야 한시름 놓았다는 듯이 안도의 표정을 지으면서 자연스레 저스틴에게 바통을 넘겼다.

"그럼 이제 테슬라의 우울했던 시절 얘기를 해드려야겠네요."

"네? 테슬라가 우울했다고요? 지금은 M7이잖아요! 미국 최고의 기업 중 하나인데, 힘들었던 때가 있었나요?"

"하하! 누가 알까요? 지금도 테슬라는 큰 꿈을 꾸고 있으니, 어쩌면 나중에는 지금을 우울한 시절이었다고 할지도 모르죠."

"어서 이야기해 주세요!"

"좋아요. 먼저 중요한 사실 하나, 테슬라는 처음부터 일론 머스크가 만든 회사가 아니랍니다."

"진짜요? 아, 그래서 아직 쫓겨나지 않은 거군요?"

"뭐라고요? 하하하! 재미있는 생각이네요. 지금까지는 그렇죠. 테슬라는 2003년에 마틴 에버하드와 마크 타페닝이 세운 회사예요. 전기자동차를 널리 보급하겠다는 목표로 시작했죠.

하지만 돈이 부족해서 어려움을 겪다가 당시 성공한 사업가였던 일론 머스크를 찾아갔어요. 일론 머스크는 어릴 때부터 지속 가능한 에너지에 관심이 많았거든요. 테슬라야말로 자기가 꿈꾸던 전기자동차 혁신을 이룰 수 있는 회사라고 봤죠. 그래서 70억 원이란 큰돈을 과감히 투자하고 가장 큰 주주가 됐어요."

경민이 진지한 표정으로 저스틴을 바라보며 말했다.

"전기차가 낯설었던 시대에 많은 돈을 투자한 거네요! 그 기간이 테슬라의 우울한 시절인가요?"

"아직 우울한 시절의 반의반도 안 왔어요. 자동차를 만드는 게 정말 어려운 일이거든요.

일론 머스크가 테슬라를 들여다보니, 꿈은 크지만 개발비용이 너무 많이 들었어요. 차 한 대 팔 때마다 손해를 보면 회사가 망하겠죠? 테슬라가 딱 그랬습니다."

"어휴…, 엄청나게 힘들었겠는데요."

"맞아요. 그래서 일론 머스크는 이번엔 반대로, 창업자였던 마틴 에버하드를 CEO 자리에서 내보냈어요. 대신 경영 전문가를 데려왔죠. 물론 얼마 안 가서 자신이 직접 CEO가 됐지만요."

"재미있는 사람이네요. 자기가 쫓겨나 본 경험이 있으니까 남을 쫓아내는 것도 어렵지 않았겠어요."

"일론 머스크는 진심으로 테슬라가 잘 되길 바랐거든요. 그래서 회사를 살리려면 그때의 경영 방식으로는 안 된다고 본 거죠. 그로부터 5년 뒤인 2008년, 테슬라의 첫 차 '테슬라 로드스터'가 출시됐어요."

"로드스터요? 테슬라에 그런 차가 있었나요?"

"아마도 많이 보진 못했을 거예요. 지금 우리가 아는 모델 S,

3, X, Y 같은 일반 차들이 나오기 전에 만든 스포츠카였거든요. 로드스터 다음으로 2009년에 모델 S가 나왔는데, 연구 개발비가 어마어마하게 들었다고 해요."

"모델 S는 알아요! 저도 아파트 주차장에서 본 적이 있어요."

"아무래도 슈퍼카보다 대중적인 차를 만들기 위해서는 더 큰 돈이 들어가는 법이죠. 모델 S를 만들면서 테슬라는 감당할 수 없는 재정난에 빠졌답니다. 때마침 미국에서 서브프라임 모기지 사태89페이지 참고로 경제마저 크게 흔들렸거든요. 투자받기도 더 어려워졌고요."

"이번에는 쫓겨나진 않았지만, 회사가 어려워졌군요."

"정말로 그때는 테슬라가 실패할 거란 소문이 파다했어요. 하지만 일론 머스크는 이미 여러 번의 창업 경험이 있잖아요. 반드시 이겨낼 수 있다고 믿었죠. 자기 개인 재산까지 모두 쏟아부어가며 회사를 살리려 했고요."

일론 머스크가 '연쇄 창업자'가 된 이유

셔틀이 기가텍사스를 향해 달리는 동안, 창밖으로는 텍사스 특유의 광활한 평원과 소박한 농장의 풍경이 펼쳐졌다. 고속도로를 따라 점점 모습을 드러내는 산업 시설과 현대적인 건축물들은 테슬라의 혁신을 만나러 가는 설렘을 더해 주었다. 조용히 창밖을 응시하던 혜민이 고개를 돌리며 말했다.

"정말 신기해요. 두 번이나 창업에 성공해서 엄청난 돈을 벌었는데도 계속 도전하는 건, 돈보다 더 큰 창업 의지가 있어서겠죠?"

"맞아요. 일론 머스크가 돈에 욕심이 없다고는 할 수 없지만, 그를 움직이는 건 돈을 넘어선 원대한 꿈과 강한 열망이에요. 흔히들 미국을 기회의 땅이라고 하는데요, 실패에도 불구하고 끊임없이 자신의 꿈을 향해 달려가는 사람들이 모이는 그런 나라가 미국입니다. 일론 머스크 또한 자신의 실패가 끝이 아니라는 걸 알았던 것 같아요."

"모두가 실패할 거라고 해도, 결국 이겨냈으니까 지금의 테슬라가 있는 거겠죠? 이어지는 이야기가 궁금해요!"

"일론 머스크는 자기 돈을 쓰는 것은 물론이고 다임러, 도요타 같은 자동차 회사들에 지분도 팔고, 수많은 투자자를 설득해 위기를 넘겼어요. 이른바 '죽음의 계곡'을 여러 번 건넌 거죠."

"죽음의 계곡이요? 그건 어디죠?"

저스틴의 이야기를 듣고 있던 경민이 궁금하다는 듯 물었다. 저스틴이 웃으며 설명했다.

"죽음의 계곡은 새로 시작한 회사가 초기 투자금을 다 쓴 뒤, 추가로 돈을 구하지 못하면 망하게 되는 위험한 시기를 말해요. 테슬라도 이런 고비를 여러 번 겪었지만, 머스크의 끈기와 설득력으로 매번 이겨냈죠."

혜민은 한숨을 쉬었다.

"저였다면 중간에 포기했을 것 같아요."

"정말 대단하죠? 그때 테슬라는 아직 주식시장에 상장도 안 된 상태였어요. 회사를 키울 돈이 늘 부족했죠. 그래서 모델 S를 공개한 2009년 다음 해에 나스닥에 상장했어요. 세상에 테슬라라는 회사를 제대로 보여주기 시작한 거예요.

그 후에도 테슬라는 계속 의심을 받았어요. 기술은 좋은데 과연 차를 제대로 만들어 팔 수 있을지 모르겠다고들 했죠. 어떤

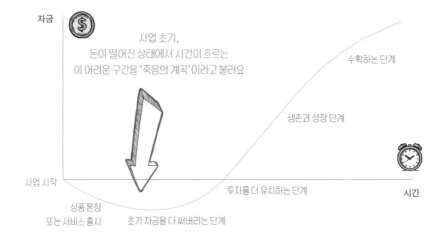

자금

사업 초기,
돈이 떨어진 상태에서 시간이 흐르는
이 어려운 구간을 '죽음의 계곡'이라고 불러요

수확하는 단계

생존과 성장 단계

사업 시작

투자를 더 유치하는 단계

시간

상품 론칭
또는 서비스 출시

초기 자금을 다 써버리는 단계

죽음의 계곡을 건너는 법: 끈기와 설득력이 성공의 열쇠!

사람들은 테슬라가 그런 능력이 없다고 보고 주식을 팔았고, 또 어떤 사람들은 테슬라의 가능성을 믿고 투자했어요."

"그럼 의심받던 생산성은 해결이 되었나요?"

"네, 상장하면서 받은 투자금을 모두 생산 시설에 쏟아부었어요. 2012년엔 새 모델 X도 선보였고요.

게다가 테슬라는 전기차만 만드는 게 아니라, 배터리에서 자동차 조립까지 모든 걸 자동으로 하는 기가팩토리를 세웠어요. 이게 생산성 의심을 날려 버린 결정적인 계기가 됐습니다."

"어떻게든 성공시키는 사람이군요. 진짜 아이언맨 같아요."

"자동차 산업에 대해 조금만 조사해 봐도, 이게 얼마나 굉장한 건지 실감할 수 있을 거예요. 새로 생긴 자동차 회사가 전기 자동차에만 집중하더니, 아무도 못 이길 것 같던 토요타를 제치고 전 세계 시가총액 1위의 자동차 제조업체로 올라섰어요. 이전엔 상상도 못 할 일이었습니다. 미국에 새로운 빅테크가 탄생한 거죠."

"우와, 저는 이제 일론 머스크를 의심하지 않을래요."

"참, 경민도 화성으로 이주할 준비를 하고 있나요?"

"네? 무슨 뚱딴지같은 소리예요? 갑자기 화성이라니요?"

"일단 공장에 도착했으니, 기가텍사스를 구경하면서 다시 이야기할까요?"

일행은 기가텍사스에 도착해 버스에서 내렸다. 저스틴이 출입 허가를 받아준 덕분에 세 사람은 공장 안으로 들어섰다. 자동화가 많이 됐다고 하지만, 여전히 많은 텍사스 노동자들이 구슬땀을 흘리며 일하고 있었다.

로켓을 민간 기업이 만든다고?

    기가텍사스의 넓은 공장에서 일행은 마치 작은 점처럼 보였다. 경민은 아까 저스틴이 꺼냈던 화성 얘기가 너무 궁금해서 슬쩍 물었다.

    "기가텍사스가 혹시 화성을 본떠 만든 건가요? 여기를 화성 테마파크 같은 걸로 만들어서 돈을 벌려고요…?"

    저스틴이 크게 웃음을 터뜨렸다.

©John McAdorey (Shutterstock)

하늘에서 바라본 기가텍사스

"하하하! 일론 머스크는 단순히 돈 버는 게 목표인 사람이 아닙니다. 그랬다면 벌써 은퇴했을 거예요. 이미 충분한 돈을 벌었거든요. 그는 지구의 여러 문제를 보면서 언젠가 화성으로 이주해야 할 거라 생각했고, 실제로 준비하기 시작했습니다."

"테슬라가 성공하니까 다음 사업으로 우주를 택한 거군요?"

"아니에요, 일론 머스크는 페이팔을 팔아서 번 돈으로 진작부터 우주를 향한 꿈을 키웠어요. 우주로 가는 로켓을 만드는 게 첫 단계였고, 2002년에 민간 우주 기업 '스페이스X'를 세웠죠."

혜민도 깜짝 놀라 물었다.

"테슬라 전부터 우주를 꿈꿨다고요? 정말 예측 불가능한 사람이네요. 아무리 돈을 많이 벌었대도 우주는 엄청난 돈이 필요할 텐데, 도대체 무슨 배짱이었을까요?"

"사실 로켓을 만드는 데 드는 돈 중에서 재료비는 전체의 2퍼센트밖에 안 된대요. 일론 머스크는 거기에 집중했죠. 거꾸로 생각하면, 2퍼센트의 비용만 있으면 나머지는 자기가 어떻게든 해결해 보자고 생각한 거예요.

IT나 자동차와 달리 우주 개발은 성과가 빨리 나오기 힘든데요. 스페이스X의 첫 로켓인 팰컨 1호는 계속 발사에 실패했어요.

게다가 그때 테슬라도 어려움을 겪고 있었죠. 사람들은 테슬라와 스페이스X가 잇달아 실패하는 걸 보면서 일론 머스크한테 우주 사업은 무리라고 말하기 시작했어요."

"아무리 일론 머스크라도 천문학적인 돈이 드는 우주 개발은 무리였을 것 같아요."

"심지어 스페이스X의 실패가 거듭되는 동안 엎친 데 덮친 격으로 서브프라임 모기지 사태가 터지면서 미국발 경기 침체가 발생했고, 전 세계 경제가 악화되기 시작했어요."

잠깐!

2008년 세계 금융 위기

서브프라임 모기지는 신용도가 낮은 사람에게도 주택 구매 자금을 빌려주는 대출이었어요. 처음에는 이자가 매우 낮았지만, 나중에 이자가 크게 올라 많은 사람들이 대출금을 갚지 못했죠. 결국 주택을 압류당하는 사람이 늘어나서 주택 가격이 폭락했어요. 이는 은행들의 연쇄 도산으로 이어졌고, 미국을 넘어 전 세계 경제가 큰 타격을 입었답니다.

"네? 서브, 그게 뭐…데요?"

아까도 한번 들었지만, 미처 묻지 못하고 지나갔던 단어였다. 경민이 조심스럽게 묻자, 저스틴이 친절하게 설명했다.

"한때 미국에서 많은 사람들이 돈을 갚을 능력이 없는데도 불구하고 큰 빚을 내서 집을 샀던 시기가 있었어요. 물론 사람들이 빌린 그 돈은 은행으로부터 나왔죠. 처음엔 미국 경제가 호황이었기 때문에 문제가 되지 않았어요.

하지만 머지않아 문제가 발생했는데요, 사람들이 너무 많은 돈을 빌린 결과, 매달 벌어들이는 수입으로는 빌린 돈을 감당하지 못하게 된 거예요.

그러니까 은행들도 빌려준 돈을 돌려받지 못했고, 이게 도미노처럼 번져서 수많은 은행과 투자회사가 문을 닫았어요. 결국 전 세계적으로 투자가 크게 위축되었죠."

"아하! 그럼 우주를 개발한다고 했을 때 더 이상 투자를 받기가 어려웠겠네요. '경제가 어려운데 무슨 우주야?' 이러면서요."

"정확해요. 스페이스X는 일론 머스크가 자기 돈으로 시작한 회사였어요. 게다가 민간 기업이 이렇게 큰 우주 개발을 시도한 적도 없었죠. 투자가 절실했는데, 경제가 어려워지면서 테슬라와 함께 스페이스X도 큰 고민거리가 됐습니다.”

일론 머스크의 상상은 현실이 된다

“일론 머스크는 스페이스X를 포기했나요? 아니면, 테슬라로 돈을 벌어서 스페이스X에 투자했나요?”

“로켓 발사를 세 번이나 실패하고 마지막 기회라고 생각한 네 번째에서 기적처럼 발사에 성공했어요. 그러자 미국 항공우주국NASA이 관심을 보였고, 스페이스X가 NASA 프로젝트에 참여할 수 있게 되면서 일이 풀리기 시작했답니다.”

혜민이 궁금증을 참지 못하고 물었다.

“구체적으로 어떻게 참여한 거예요?”

“NASA가 운영하는 우주 정거장에 물건을 보내야 하는데, 이걸 NASA가 직접 하지 않고 스페이스X에 맡긴 거예요. 일종의 우주 택배라고 할까요?”

“드디어 스페이스X가 돈을 벌기 시작하는군요!”

“그렇습니다. 아직 큰돈을 번 건 아니지만, 투자받기 힘들었던 스페이스X로선 자기들의 로켓을 세계에 알리고 연구 자금도 얻는 좋은 기회였죠."

"그럼, 그 이후로 계속 우주 택배 사업을 하고 있나요?"

"아뇨. 이제부터가 진짜 시작이에요. 우주 개발에 돈이 많이 드는 건 로켓 만드는 비용이 너무 비싸서거든요. 그래서 일론 머스크는 로켓을 재활용하자는 아이디어를 냈어요."

"로켓을 재활용한다고요? 한 번 쏘면 끝이 아니고요?"

"보통 우주선을 발사할 때 보면 발사체가 분리돼서 바다에 떨어지잖아요? 일론 머스크는 이 비싼 발사체를 다시 쓰면 비용을 크게 아낄 수 있다고 생각했답니다."

"그럼 바다에 가서 발사체를 주워오나요?"

"아뇨, 망망대해에 떨어진 발사체를 찾으려면 시간도 많이 걸리고 돈도 많이 들어요. 게다가 바닷물 때문에 금방 녹슬어서 다시 쓰기도 힘들고요."

"그럼 어떻게 재활용해요?"

"처음 쏘아 올린 자리로 다시 돌아오게 하는 거죠."

"네?!"

경민과 혜민이 동시에 소리를 질렀다.

	기존 산업의 한계 발견	새로운 기술 도입
자동차	"전기차는 실용화하기 어렵다"는 통념	테슬라: 전기차 배터리 기술 혁신
우주	"로켓은 1회용"이라는 고정관념	스페이스X: 재사용 가능한 로켓 개발
금융	"송금은 복잡하고 느리다"는 불편함	페이팔: 이메일 기반 송금 시스템 구축
	1단계 . 당연하다고 여겨지는 것에 의문을 던지다	2단계. 기술로 불가능을 깨다

	시장의 변화 주도	끊임없는 도전과 실험
	테슬라: 전기차의 대중화 실현	테슬라: 생산성 문제 → 기가팩토리 건설
	스페이스X: 우주 운송 비용의 혁신적 감소	스페이스X: 3번의 실패 후 4번째 성공
	페이팔: 온라인 결제의 표준 제시	페이팔: 사용자 경험 개선을 위한 혁신 지속
	4단계. 시장의 게임 체인저가 되다	3단계. 실패를 두려워하지 않는 도전

혁신의 과정 : 일론 머스크의 사례

〈"이건 정말 말도 안 되는 일입니다"…스페이스 X가 해냈다〉 QR을 스캔하면, 스페이스X의 우주선이 복귀해 로봇팔에 안착하는 모습을 볼 수 있습니다

"일론 머스크니까 가능했죠. 발사하고 남은 큰 로켓을 다시 발사 지점으로 돌아오게 설계한 거예요."

"말도 안 돼요."

혜민은 고개를 저었고, 경민은 놀라서 입을 다물지 못했다.

"하지만 그 어려운 걸 일론 머스크가 해냈답니다. 돌아온 로켓에 연료를 채워 다시 쏘는 데도 성공했고요. 지금은 이걸 여러 번 재사용하고 있어요.."

"오 마이 갓…, 비용이 엄청나게 절약됐겠어요!"

"맞아요. 그래서 NASA가 스페이스X에 계속 우주 택배를 맡기고 있는 건 물론이고, 그 결과를 통해 스페이스X는 화성에 보낼 우주선도 개발하고 있대요."

경민이 결심한 듯 말했다.

"이제는 일론 머스크가 팥으로 메주를 쑨다고 해도 믿을래요. 인간이 화성으로 이주?…한다고 봅니다!"

"하하하, 일론 머스크의 상상은 오늘도 하나씩 현실이 되어 가고 있죠."

세 사람은 저스틴과 함께 기가팩토리를 둘러보며 일론 머스크의 발자취를 실감했다. 공장을 나와 셔틀을 타려는데 저스틴이 급하게 일행을 불러세웠다.

"잠깐만요! 잭슨이 곧 온대요. 공항까지 태워준다네요."

잠시 후 잭슨이 환한 웃음을 지으며 차 창문을 내렸다.

"안녕하세요! 기가텍사스 어떠셨어요? 크고 웅장하죠? 하하, 대신 재미없는 엔지니어들만 있는 곳이에요. 자, 드라이버 잭슨이 공항까지 모시겠습니다. 타세요!"

일행은 잭슨의 도움으로 빠르게 공항으로 이동했다. 차량이 공항 터미널에 진입하자 안 쌤이 조금 쑥스러워하며 잭슨에게 말했다.

"도움을 너무 많이 받았습니다. 이건 저희 동아리 배지예요. 한국에 오시면 저희가 안내해 드릴게요. 꼭 연락 주세요!"

"친절한 한국인들. 고마워요! 여러분이 한국까지 안전하게 돌아가길 바랄게요. 캘리포니아로 간다고 했죠? 그곳의 좋은 날씨에 반해서 우리 텍사스를 잊지는 마세요!"

셋은 산호세 미네타 국제공항으로 가는 비행기에 올랐다. 이번 탐방에서 가장 기대하던 곳이 바로 다음 목적지인 캘리포니아였다.

테슬라의 미래 수업

일론 머스크 Elon Reeve Musk
테슬라, 스페이스X, X(엑스) CEO

경민 일론 머스크 님, 안녕하세요! 세계 최고 부자를 이렇게 직접 뵙다니 정말 영광이에요. 계속해서 성공을 이어온 비결이 궁금해요!

일론 많은 분들이 저를 세계 최고 부자 중 한 명으로 생각하지만, 제 자산 대부분이 주식이고 주식 가격은 늘 변동하기 때문에 저 스스로는 그렇게 생각하지 않아요. 집 어딘가에 그만큼의 현금을 쌓아두고 있다면 모르겠지만, 주식 가격은 단지 계좌에 적힌 숫자일 뿐이에요.

주식은 회사의 일부를 소유하는 것을 의미합니다. 주식 가격이 오르면 자산 가치도 올라가지만, 이는 실제 현금과는 다릅니다. 주식을 팔아야만 현금화할 수 있죠

경민 그래도 돈이 많으면 좋잖아요!

일론 네, 맞아요. 필요할 때 원하는 만큼 현금으로 바꿀 수 있다는 건 제게 정말 중요해요. 제가 하고 싶은 일을 하려면 꽤 많은 돈이 필요하거든요.

하지만 저를 움직이는 건 열정이에요. 돈은 그냥 따라오는 결과일 뿐이죠. 저는 미래가 지금보다 더 좋아질 거란 믿음으로 일해요. 일에 푹 빠질 때 가장 행복하고요. 그런 열정으로 이뤄낸 결과가 성공적이어서 여러 큰 회사의 대주주가 됐고, 자연스럽게 돈이 따라온 거예요. 부자가 되는 게 목표는 아니었죠.

경민 듣고 보니 정말 멋있어요. 돈이 아닌 열정을 좇다 보면 돈은 따라온다…. 자기가 하는 일을 사랑하는 모습이 더 멋있네요!

혜민 한국에는 CEO님처럼 창업으로 성공하고 싶어 하는 청소년들이 많습니다. 이런 친구들에게 해 주고 싶은 말씀이 있나요?

일론 크게 세 가지를 말씀드리고 싶네요.

첫 번째, 목표를 크게 가지세요. 저는 미국 내 수많은 대기업의 CEO들이 작은 야심을 갖고 회사를 경영하는 것을 봐 왔습니다. 이미 큰 기업이라 실패가 두려워서 작은 성공만 노리는 거죠. 하지만 그래서는 큰 성공을 이룰 수 없어요. 목표를 높이 세워야 자신과 팀이 더 큰 동기를 갖고 일하게 됩니다.

목표를 크게 가지는 것은 단순히 욕심을 부리는 것이 아니라, 더 큰 도전을 통해 자신과 조직의 잠재력을 최대한 발휘하게 만드는 방법입니다. 청소년들도 마찬가지예요. 큰 목표에 도전하면서 더 많이 배우고 성장할 수 있어요. 자신의 한계를 미리 정하지 말고, 더 큰 꿈을 키우세요.

경민 한계를 정하지 말라! 명심할게요!

일론 두 번째, 모험을 두려워하지 마세요. 큰 목표를 세웠다면 주저하지 말고 실행하세요. 이건 정말 중요해요. 목표만 크게 잡아놓고 망설이다 포기하는 사람이 많거든요. 그러면 목표와 현실의 차이만 벌어져서 오히려 마음이 불편해질 수 있어요.

세 번째, 비관적인 생각에 지지 마세요. 비관적인 의견이 때론 현실을 반영하기도 하지만, 그게 여러분의 꿈을 포기하는 이유가 될 순 없어요. 긍정적인 자세로 돌파구를 찾는 게 중요합니다.

지금은 많은 사람들이 테슬라와 스페이스X의 성공을 보고 저의 목소리에 귀를 기울이고 있지만, 초기엔 엄청난 비판과 비난을 견뎌야 했어요. 그들 나름의 현실적인 판단이었겠죠. 하지만 저는 창업가이고, 꿈을 이루겠다는 희망이 있었어요. 그건 고집이 아니라 신념이었습니다. 여러분도 현실적인 비관에 굴하지 말고 꿈을 이루겠다는 희망을 지키세요. 쉽게 포기하면 여러분의 꿈은 세상의 빛을 볼 기회를 잃게 될 거예요.

경민 쉽게 굴하지 말라! 이건 잘할 수 있을 것 같아요. 한계 짓지 않고, 생각나면 바로 실천하고, 주변의 부정적인 반응에도 굴하지 않겠습니다!

혜민 테슬라는 자율주행차로 유명하잖아요. AI에 대해서도 하실 말씀이 많으실 것 같은데, CEO님은 AI 시대를 어떻게 보시나요?

일론 양날의 검이라고 생각해요. AI는 분명 인간에게 풍요로움과 자유를 가져다줄 거예요. 일을 더 빠르고 효율적으로 처리할 수 있게 되면, 인간은 그만큼 노동에서 자유로워질 기회를 얻겠죠. 하지만 우리는 아직 그런 시대를 맞을 준비가 안 됐어요.

AI를 어떻게 다루고 통제할 것인지에 대해 강력하고 폭넓은 규제 방안을 고민해야 합니다. 이미 AI의 도입으로 많은 사람들이 일자리를 잃고 있다고 하지만, 아직 제대로 된 대책이 없죠. AI로 인해 인간이 소외되면 AI가 인간보다 더 높은 존재가 될 수도 있을 거예요. 영화에서 AI의 전원을 꺼 버리는 것처럼 극단적인 통제 수단이 있어야 해요. 그런 안전장치가 있어야 인간이 AI의 혜택을 제대로 누릴 수 있을 겁니다.

안 쌤의 생각 더하기   테슬라를 통해 사회와 경영, 투자에 대한 생각을 넓혀 보아요!

스페이스X는 세 번의 실패 후 네 번째에 성공했고, 테슬라도 여러 번의 위기를 겪었습니다. 그럼에도 일론 머스크는 도전을 멈추지 않았죠.

▶ 실패를 두려워하지 않는 도전 정신이 왜 중요할까요? 여러분의 경험과 연결 지어 생각해 보세요.

_____

_____

_____

_____

일론 머스크는 테슬라, 스페이스X, 뉴럴링크 등 다양한 분야에서 혁신을 통해 인류의 미래에 대한 비전을 제시하고 있습니다. ▶ 여러분이 상상하는 30년 후의 미래는 어떤 모습인가요? 그 미래를 위해 우리는 어떤 준비와 노력을 해야 할까요?

_____

_____

_____

전기차 1위 회사가 되기까지, 테슬라는 '죽음의 계곡85페이지 참고'을 여러 번 극복했습니다. ▶ 스타트업이 '죽음의 계곡'을 극복하고 성공하기 위해 가져야 할 가장 중요한 요소는 무엇이라고 생각하나요? 테슬라의 사례를 참고하여, 성공적인 기업 운영에 필요한 자세와 전략을 설명해 보세요.

_____

_____

_____

_____

일론 머스크는 "AI는 양날의 검"이라고 했습니다. AI가 인간의 삶을 더 편리하고 풍요롭게 만들 수 있지만, 잘못된 사용으로 인해 인간을 위협하거나 통제할 가능성도 있다는 것입니다. ▶ AI가 인간에게 긍정적인 영향을 주는 기술로 자리 잡으려면, 개발자와 기업, 그리고 정부는 각각 어떤 역할과 책임을 다해야 할까요?

_____

_____

_____

_____

03

지상낙원,
캘리포니아에서
엔비디아에
압도되다

캘리포니아의 햇살 속으로!

샌프란시스코 남쪽 실리콘밸리와 인접한 산호세 미네타 국제 공항에 내리자, 저녁 시간임에도 포근한 날씨가 일행을 따뜻하게 맞아주었다.

"쌤, 여기 날씨 정말 최고인데요? 춥지도 덥지도 않고, 건조하지도 습하지도 않아요!"

"그래, 캘리포니아 날씨는 이런 점이 매력이지. 그런데 경민아, 네가 지금 서 있는 이곳이 어디인지 아니?"

"글쎄요, 천국?! (웃음) 어디죠, 여긴?"

"여기가 바로 실리콘밸리야. 전 세계 IT 혁신의 중심지이자, 미래를 만들어가는 사람들이 모여 있는 곳이지."

"여기가 그 유명한 실리콘밸리라고요? 완전 가슴 뛰는데요!"

"너무 흥분하면 체력이 남아나지 않을 텐데? 우리가 탐방할 빅테크 기업 중 세 군데가 바로 이 근처에 있어. 이제부터 하나씩 차례로 찾아갈 테니, 에너지를 아껴둬야 할 거야."

안 쌤이 말을 마치자 경민이 멋쩍게 웃으며 혜민을 향해 고개를 돌렸다.

"솔직히 선배도 실리콘밸리는 설레지 않아요? 아닌 척하지 말고요!"

엉뚱한 경민의 말에, 혜민은 평소처럼 무심한 태도를 유지하려다 웃음을 참지 못하고 말했다.

"응, 나도 여기는 좀 설렌다. 인정!"

호텔에 도착한 세 사람은 짐을 풀고 하루를 정리하며 저녁 시간을 보냈다. 창밖으로는 샌프란시스코의 따뜻한 밤공기가 느껴졌다.

다음 날 아침, 경민은 가장 먼저 로비에 내려와 있었다. 혜민과 안 쌤이 도착하자 경민이 반짝이는 눈으로 외쳤다.

"쌤, 오늘은 하루 종일 실리콘밸리 탐방이죠? 저는 준비 완료입니다!"

안 쌤은 경민의 들뜬 모습에 웃음을 지어 보이며, 스마트폰으로 우버 앱을 열었다.

"좋아, 그럼 첫 번째 목적지로 가 볼까? 여기서는 우버를 이용할 거야."

안 쌤은 능숙하게 우버 앱을 열어 차량을 호출했다.

"우리나라에도 택시 호출 앱이 있긴 하지만, 여기 우버는 조금 특별해. 개인 차량으로 승객을 태울 수 있거든. 차를 가진 사람은 시간 날 때 운전을 해서 수익을 얻을 수 있는 거야. 이걸 뭐라고 하더라…."

혜민이 손을 들며 말했다.

"공유경제요! 자동차뿐 아니라 집도 빌려주는 서비스가 있죠. 예를 들어 에어비앤비 같은 거요."

경민도 빠질 수 없다는 듯 혜민의 말을 거들고 나섰다.

"쌤, 저도 알아요! '코워킹 스페이스'라는 게 있는데, 작은 회사들이 사무실을 대신해 필요한 공간만 빌릴 수 있는 서비스라고 했어요. 위워크 같은 회사가 있죠!"

"이전에 한 번 공부해서 그런지 공유경제는 이제 아주 빠삭한 걸《10대를 위한 워런 버핏 경제 수업》참고. 잠깐, 저기 우리 차량이 오고 있구나!"

햇빛을 받아 반짝이는 차의 엠블럼을 본 경민이 손을 흔들며 외쳤다.

"와, 현대차잖아요! 우리나라 자동차를 여기서 보니까 정말 반가운걸요!"

"안녕하세요, 우버 부르셨나요?"

"네, 맞아요! 목적지는 엔비디아 사옥이에요."

"맞게 찾았네요. 어서 타세요. 저는 우버 드라이버, 마이크입니다."

"고맙습니다. 그럼 신세 좀 질게요."

"차로는 6분도 안 걸리는 가까운 거리지만, 대중교통이 원활하지 않은 미국 서부에서는 1시간 가까이 걸리기도 하죠. 앞으로 미 서부 지역에서 이동하실 때는 우버를 애용해 주세요. 그나저나 엔비디아에는 무슨 일로 가시나요?"

마이크가 룸미러를 통해 뒤에 착석한 일행을 보며 물었다.

"아, 우리는 한국에서 온 중학생 탐방단이에요. 미국의 빅테크 기업들을 방문하고, 공부하러 왔어요. 오늘 첫 번째로 갈 곳이 바로 엔비디아입니다!"

마이크가 밝게 웃으며 말했다.

"제 동생이 엔비디아에서 엔지니어로 일하고 있어요. 필요하면 도와줄 수 있을 겁니다. 참고로, 제가 운전하는 이 차는 현대

자동차에서 만든 거예요. 품질이 참 좋더라고요."

"동생분도 대단하시고, 현대차를 좋아해 주신다니 정말 기쁘네요. 동생분께 궁금한 걸 물어볼 기회가 있으면 좋겠어요!"

"물론이죠. 시리, 니콜에게 한국에서 온 탐방단이 너희 회사로 간다고 메시지를 보내줘."

"네, 니콜에게 한국 승객들을 안내해 달라고 메시지를 전달할게요!"

아이폰의 시리가 마이크의 동생 니콜에게 메시지를 전송하는 동안, 일행은 캘리포니아의 아름다운 풍경과 현지 문화를 이야기하며 즐겁게 이동했다.

잠시 후, 엔비디아 사옥 앞에 도착하자 검은 뿔테 안경을 쓴 호리호리한 남성이 일행을 기다리고 있었다.

"헤이, 니콜! 이분들을 잘 부탁해. 한국에서 오신 분들이야. 나의 고객이라고! 미스터 안, 다음 가야 할 곳이 있다면 내게 전화해요! 우버로 어디든 모셔다 드릴 테니까!"

마이클은 짧은 인사를 마치고, 우버 앱의 호출을 받아 떠났다.

엔비디아 속성 과외

키가 큰 니콜은 허리를 굽혀 가볍게 인사했다. 안 쌤도 키가 큰 편인데, 니콜은 그보다 훨씬 커 보였다.

 "안녕하세요. 인사가 늦었네요. 저는 마이크의 동생 니콜입니다. 엔비디아에서 4년째 엔지니어로 일하고 있어요. 미국의 빅테크 기업을 탐방하러 오셨다고요?"

"반갑습니다, 니콜. 맞아요, 미국의 빅테크 기업들을 둘러보며 배움을 얻으려고 왔어요."

안 쌤과 대화를 나누던 니콜은 긴 팔을 뻗어 엔비디아 사옥을 가리켰다.

"잘 오셨습니다, AI 시대에 엔비디아를 빼면 남는 것이 없죠. 먼저 리셉션에서 접수를 하고, 저희 사옥인 '보이저Voyager'를 둘러보시죠.

참고로 빅테크 기업들의 사옥에는 각각 별명이 있어요. 애플 본사는 '애플 파크Apple Park'라고 부르고, 저희 엔비디아 사옥의 이름은 '보이저'랍니다."

©JHVEPhoto(Shutterstock

캘리포니아에 위치한 엔비디아 본사

접수를 마치고 들어선 '보이저' 내부는 사방이 탁 트여 있었다. 캘리포니아 특유의 밝은 햇살이 건물 안까지 깊숙이 들어와, 상쾌한 분위기를 만들어 주었다.

"쌤…. 근데 저, 엔비디아는 잘 모르거든요…."

경민이 안 쌤에게 나지막이 말하는 소리를 듣고, 니콜이 웃으며 경민에게 다가왔다.

"중학생 친구에게 엔비디아는 낯선 기업일 수 있겠네요. 그럼 사옥을 둘러보기 전에, 왜 엔비디아가 요즘 그렇게 주목받는지 알려 줄게요. 자, 경민! 집에 컴퓨터 있죠?"

"헐? 저, 아니, 한국인을 무시하시는 건가요? 한국은 거의 모든 가정에 컴퓨터가 있고, 초고속 인터넷도 당연히 보급되어 있어요! 스마트폰 하면 애플, 그리고 삼성! 우리나라는 IT 강국이라고요!"

"알죠, 한국 대단하죠! 그래서 물어본 거예요. 대부분의 컴퓨터 안에는 '그래픽 카드'라는 부품이 들어 있어요."

"알아요! 우리 집 컴퓨터에도 지포스GeForce 그래픽 카드가 있어요."

"맞습니다. 게임 좋아하는 사람들은 지포스라는 이름을 한 번쯤 들어봤을 거예요. 성능 좋은 컴퓨터에는 대부분 엔비디아 브랜드인 지포스 그래픽 카드가 들어가거든요."

"우와! 지포스가 엔비디아 제품이었군요?"

"네, 삼성에 갤럭시가 있듯이 엔비디아엔 지포스가 있는 거죠. 엔비디아는 인텔이나 AMD와 달리 오래전부터 그래픽 전용 칩, 즉 GPUGraphics Processing Unit 개발에 집중해 왔어요."

이때 혜민이 고개를 갸웃하며 물었다.

"그런데 그래픽 카드만 만들면 사업 분야가 너무 좁지 않나요? 그럼 회사가 크게 성장하기 어려웠을 것 같은데요."

"좋은 지적이에요. 실제로 2000년대에 엔비디아는 '왜 CPU Central Processing Unit가 아닌 GPU만 하냐'라는 식의 지적을 많이 받았어요. 그리고 2010년대에 들어서면서 엔비디아는 뜻밖의 전환점을 맞이하게 됐죠."

CPU는 컴퓨터의 두뇌 역할을 하는 중앙처리장치를 뜻해요.

"전환점이요? 갑자기 그래픽 카드가 더 많이 팔리기 시작한 건가요? 아니면 화려

GPU란 무엇일까?

GPU는 '그래픽 처리 장치'로, 영상이나 이미지 처리에 특화된 컴퓨터 칩이에요. 원래는 게임 화면이나 3D 그래픽을 부드럽게 표현하기 위해 사용되었는데, 최근에는 인공지능(AI) 분야에서도 GPU가 중요한 역할을 해요. 왜냐하면 AI를 학습시키는 데 필요한 복잡한 계산을 GPU가 빠르게 처리할 수 있기 때문이죠. 이 때문에 엔비디아 같은 GPU 전문 기업이 새로운 기술 흐름에서 큰 주목을 받고 있답니다.

한 그래픽의 PC 게임이 폭발적으로 늘어서 그런가요?"

"그것도 맞지만, 더 넓게 봐야 해요. 2000년대까지만 해도 전 세계는 PC 중심의 산업 구조였어요. 그런데 2010년대 들어 스마트폰이 등장하고 보급되면서 시장의 중심축이 PC에서 스마트폰으로 옮겨갔죠. PC는 예전만큼 많이 쓰이지 않는 대신 고사양 작업용 기기로 발전하기 시작했고, 그 과정에서 고성능 그래픽 카드의 역할 또한 점점 더 중요해졌어요."

"그렇군요. 인텔이나 AMD처럼 CPU 중심 전략을 펼치지 않았던 엔비디아가 오히려 달라진 환경에 더 빠르게 적응할 수 있었던 거네요!"

AMD는 인텔, 엔비디아와 함께 반도체 분야를 대표하는 기업 중 하나입니다.

혜민이 손뼉을 치며 감탄했다. 혜민의 그 말에 더욱 감탄한 듯한 표정으로 니콜이 덧붙였다.

"오, 정확해요. 한 번의 전략적 집중이 회사의 명운을 바꾼 셈이죠."

골드러시에서 곡괭이를 팔아라

골드러시란 19세기 미국 서부에서 금이 발견되자 수많은 사람들이 금을 찾으러 몰려든 현상을 말합니다.

"혹시 비트코인 알아요?"

니콜의 갑작스러운 질문에 당황한 경민이 머뭇거리며 대답했다.

"비트코인이요? 알긴 알지만, 잘 몰라서 투자하기 전에 좀 더 공부하려고 했어요."

"투자를 말하려는 게 아니에요. 비트코인의 가치가 세상의 주목을 받을 때, 엔비디아도 덩달아 인기를 끌었거든요."

"비트코인과 엔비디아가 무슨 관계가 있는데요?"

"간단히 설명할게요. 비트코인을 얻을 때 '채굴'한다고 하잖아요."

혜민도 채굴이라는 단어를 알아들었는지 이야기를 거들었다.

"맞아요. 비트코인은 제한된 양이 있고, 채굴 난이도가 점점 높아진다고 들었어요."

"맞습니다. 초창기에는 아주 간단한 연산 문제를 맞히면 비트코인을 얻었지만, 시간이 지날수록 문제 난이도가 점점 높아졌어요. 그러다 보니 고성능 컴퓨터가 필요해졌고, 그 핵심 부품

중 하나가 그래픽 카드였어요."

"설마…, 엔비디아의 그래픽 카드가 비트코인 채굴에 유리했던 건가요?"

비트코인을 캐다! 비트코인 채굴이란?

비트코인은 중앙은행 없이 사람들끼리 거래를 검증하고 기록하는 분산형 디지털 화폐예요. 이 거래 검증을 위해 복잡한 수학 문제를 푸는 과정이 필요한데, 이를 채굴(mining)이라고 불러요. 마치 금광에서 금을 캘 때 곡괭이로 땅을 파듯, 컴퓨터 연산으로 문제를 해결해야 새 비트코인을 얻게 되기 때문에 붙여진 말이죠.

처음엔 단순한 문제였지만 채굴자가 늘어날수록 난이도가 점점 높아져, 고성능 컴퓨터가 필수가 되었어요. 이때 동시 연산에 강한 GPU가 탁월한 성능을 발휘하면서 엔비디아 같은 GPU 전문 기업이 주목받게 된 거예요. 결국 비트코인 채굴은 '연산 능력' 경쟁이었고, GPU는 채굴자들이 반드시 갖춰야 할 필수 도구로 자리 잡았습니다.

"빙고! 2017년 무렵 비트코인이 주목받기 시작하면서 채굴하려는 사람들이 폭발적으로 늘었고, 그와 함께 엔비디아 지포스 그래픽 카드에 대한 수요도 엄청나게 증가했어요.

하지만 이후 비트코인 가격이 급락_{가격이 갑자기 떨어짐}하고, 각국 정부 규제와 부정적 여론이 형성되면서 그래픽 카드 수요가 줄어들자, 엔비디아 주가 역시 한때 크게 떨어졌죠.

그런데 2020년 이후 메타버스_{Metaverse}라는 새로운 흐름이 생기면서, 그래픽 카드 수요가 다시 증가했어요. 메타버스를 만들거나 데이터센터를 운영하기 위해서는 강력한 연산 능력이 필요했기 때문이에요. 이로써 엔비디아 주가는 다시 크게 상승했습니다."

메타버스는 인터넷상의 가상 세계입니다. 사람들은 아바타 형태로 자유롭게 활동하고 교류합니다. 게임, 교육, 공연, 쇼핑 등 현실에서 하는 다양한 일들을 온라인 공간에서 구현하는 이 세계는 미래 사회·경제 활동의 새로운 무대로 주목받고 있는데, 특히 코로나 시기에 큰 이슈가 되었습니다. 사람들이 직접 만나기 어려웠기 때문이죠.

혜민 또한 그 부분은 의외라는 듯, 감탄하는 표정으로 말했다.

"정말 신기하네요. 게임용이나 그래픽 디자인 작업용일 줄 알았던 그래픽 카드가 비트코인 같은 가상 화폐나 메타버스 같은 미래 산업에도 쓰이다니요."

"그렇죠. 이건 19세기 골드러시 때 금을 캐는 사람들에게 곡괭이를 팔아 큰돈을 번 이들의 이야기와 비슷해요. 금값비트코인 가치이 오르내려도 곡괭이그래픽 카드 수요는 계속 있었던 거죠.

최근 메타버스에 대한 관심이 다소 식었지만, 엔비디아는 또 다른 산업에서 필요로 하는 '곡괭이'를 공급할 준비가 되어 있기에 두렵지 않은 겁니다."

"또 다른 산업의 곡괭이요?"

경민과 혜민은 서로를 번갈아 쳐다보며 물었다.

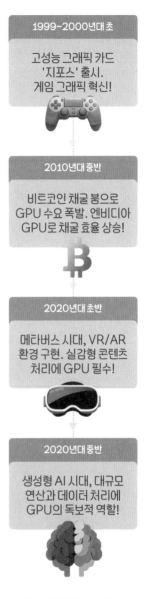

1999~2000년대 초
고성능 그래픽 카드 '지포스' 출시. 게임 그래픽 혁신!

2010년대 중반
비트코인 채굴 붐으로 GPU 수요 폭발. 엔비디아 GPU로 채굴 효율 상승!

2020년대 초반
메타버스 시대, VR/AR 환경 구현. 실감형 콘텐츠 처리에 GPU 필수!

2020년대 중반
생성형 AI 시대, 대규모 연산과 데이터 처리에 GPU의 독보적 역할!

엔비디아 GPU의 진화

AI 혁명의 주인공

본사를 둘러보던 일행은, 건물 내부에서도 하늘과 주변 풍경이 시원하게 보이는 채광 구조에 감탄했다.

"이곳은 지난 2017년 완공된 '엔데버'에 이어, 2020년에 완공된 '보이저'인데요. 천장을 보면 삼각형 모양으로 구멍이 많이 나 있죠?"

"와, 정말 그러네요! 빛이 바로 들어오는데, 천장이 뻥 뚫린 것 같아요!"

"일단 햇빛이 정말 잘 들어오죠? 이렇게 자연광이 잘 들어오도록 설계하고, 태양광 패널을 이용해 전력과 난방 에너지를 아끼고 있어요. 여기서 채광창을 어디에 낼지 결정하는 데도 엔비디아의 AI를 활용했답니다."

"채광창 위치까지 결정해 주는 AI라니…, 진짜 대단하네요. 그런데 굳이 삼각형으로 만든 이유는 뭔가요?"

경민은 양손으로 세모를 만들어서 창문으로 들어오는 햇빛을 담으며 물었다.

"엔비디아가 어떻게 성장했다고 했죠? 그래픽 카드, 그러니까 그래픽 처리 장치GPU에 집중하며 성장했죠. 3D 그래픽의 기본 단위는 '폴리곤다각형'이고, 다각형은 삼각형부터 시작이죠?"

"아, 맞아요! 삼각형부터가 다각형이에요. 그래서 삼각형으로 디자인한 거군요."

"그럼, 벤치에 앉아서 잠깐 풍경을 감상하며, 비트코인 채굴 이후 엔비디아의 폭발적 성장을 만들어 낸 진짜 혁명에 관한 이야기를 해 볼까요? 앞서 말했던 또 다른 '산업의 곡괭이' 말이에요."

혜민이 눈치를 챈 듯 물었다.

"이제 AI 이야기를 해 주시는 건가요?"

"역시 혜민이 잘 아는군요. 2023년 챗GPT의 등장으로 AI 시대가 본격적으로 열렸습니다. 아까 비트코인을 금광에 비유했었죠? 이제 AI라는 새로운 '금광'이 열렸고, 전 세계의 AI 골드러시에 필요한 '곡괭이'를 엔비디아가 독점적으로 공급하고 있는 셈이에요."

경민도 이해한 듯 신나서 말했다.

"대략 알 것 같아요. 왜 AI 혁명에서 엔비디아가 주인공이 됐는지 좀 더 자세히 알려 주세요!"

"경민도 이제 관심이 생겼군요. 좋습니다. AI 산업을 쉽게 생각해 봅시다. 1+1=2, 2+2=4…. 이런 식으로 단순 연산을 계속하면 어떨까요?"

"음…, 제가 아무리 수학을 좀 한다고 해도, 끝없이 더하는 건 힘들겠죠. 계산기가 있다면 모를까…."

"계산기가 있어도 결국 누군가 직접 입력해야 해요. 계산기도 자릿수 제한 때문에 한계가 있고요. 그런데 로봇이나 컴퓨터가 대신 연산을 해 주고, 계산 범위도 무한대에 가깝게 넓힐 수 있다면 어떨까요?"

"훨씬 빠른 속도로, 한없이 큰 수까지 처리할 수 있겠죠."

"맞아요. AI란 결국 인간이 할 일을 컴퓨터가 대신 배우고 처리하도록 하는 기술이에요. 그런데 단순 계산이 아니라 전 세계 수많은 언어와 정보를 처리하고, 상황에 따라 다른 답변을 해야 하는 '생성형 AI'라면 무엇이 필요할까요?"

"훨씬 더 좋은 성능의 컴퓨터요!"

"정답! 최근 뜨거운 인기를 얻고 있는 생성형 AI의 경우에는 수많은 사람들의 대화를 컴퓨터가 학습해야 하고, 같은 명령을 들어도 상황이나 시간에 따라 다른 답변을 해 줄 수 있어야 해

잠깐!

생각하고 창작하는 인공지능, 생성형 AI

생성형 AI는 단순히 정해진 답을 내는 것에 그치지 않고, 새로운 문장, 이미지, 음악 등을 '창작'해 내는 인공지능 기술을 뜻합니다.

기존의 AI가 주어진 데이터를 분석해 패턴을 찾는 데 그 쳤다면, 생성형 AI는 마치 예술가나 작가처럼 전혀 새로운 결과물을 만들어낼 수 있어요. 예를 들어, 챗GPT나 미드 저니 같은 서비스는 방대한 텍스트나 이미지를 학습하고, 사용자의 요구에 맞춰 새로운 문장을 쓰거나 이미지를 그려 냅니다. 대신 데이터 처리량이 엄청나고, 다양한 경우의 수 를 빠르게 처리해야 하므로, 강력한 연산 능력을 갖춘 GPU가 필수적이랍니다.

요. 이를 위해서 필요한 건 무엇일까요?"

"음…, 더 더 더 좋은 컴퓨터?"

"하하하! 좋은 컴퓨터는 기본이고, 전 세계에 업로드되어 있 는 수많은 자료와 대화들을 한 번에 이해하고 다양한 언어로 빠르게 처리해서 답변해 줄 수 있어야겠죠. 이를 위해서는 그래 픽, 게임, 복잡한 연산을 동시에 처리하는 능력을 갖춘 GPU가 제격이고요. 그리고 엔비디아는 그런 GPU를 만들 수 있는, 현재로서는 거의 유일한 회사예요."

데이터, 인프라, 하드웨어, 알고리즘.
이 네 가지 요소가 조화를 이룰 때, 생성형 AI는 실현됩니다.
그리고 네 가지 요소 중 하드웨어 분야에서
엔비디아 GPU는 전 세계 AI 서비스 기업들에게 꼭 필요한 핵심 장비로 자리 잡았어요.

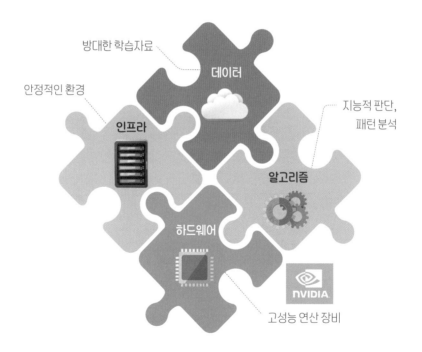

AI 생태계의 4대 요소

니콜의 설명을 듣고 이번에는 혜민이 빠르게 되물었다.

"비트코인 채굴 때랑 비슷하네요?"

"네, 그렇지만 수학 계산을 하는 데 그치지 않고, 전 세계 다양한 언어를 학습하고 처리하는 건 훨씬 더 어려운 일이죠. 그걸 가능하게 만드는 게 엔비디아의 설계 능력이에요."

"그러면 AI 산업에서 엔비디아는 어떤 곡괭이 역할을 하게 되는 건가요?"

"AI 시대에 들어서면서 전 세계 수많은 빅테크 기업들이 경쟁사보다 뛰어난 그래픽 처리 장치를 필요로 하게 되었어요. 구글, 메타, 애플, 삼성, 아마존, 테슬라 등 제아무리 세계적인 기업이라도, 뛰어난 GPU 없이는 AI 경쟁에서 이기기 힘들기 때문이죠.

그 와중에 엔비디아만이 기대 수준의 GPU를 만들고 있어요. 그렇다 보니 기업들이 돈을 싸 들고 와도 당장 충분한 수량을 못 구하는 상황이에요."

"그럼 부르는 게 값일 텐데요?"

"맞아요. AI 시대가 와서 모두 AI라는 황금을 캐고 있는데, 엔비디아에서만 제대로 된 곡괭이를 팔고 있어요. 더구나 매일 판매하는 곡괭이의 수는 한정되어 있죠. 본격적인 AI 시대가 미처

도래하지도 않았는데, 엔비디아는 곡괭이를 파는 것만으로 이미 엄청난 돈을 벌어들이고 있답니다."

"대단해요. 천하의 빅테크들을 꼼짝 못 하게 만드는 회사라니!"

"대부분의 직원들이 주 7일을 근무하고 야근까지 하면서도 이직하지 않고 이 회사에서 일하는 이유죠. 회사가 잘 되고 있으니, 직원들도 최고의 대우를 받으며 일하고 있거든요. 우리 회사 직원의 절반이 평균 3억 원의 연봉을 받는다는 뉴스도 있었답니다."

"정말 대단하네요. 이런 회사를 도대체 누가 만든 거예요?"

엔비디아를 탄생시킨 터프가이

사옥 한편에 설치된 보도자료 영상 화면을 바라보며 니콜이 일행에게 물었다.

"혹시 구글에도 다녀오셨나요?"

"네! 저희 첫 여행지가 뉴욕이었거든요. 구글 뉴욕 오피스에서 래리 페이지와 세르게이 브린의 창업 이야기도 들었어요."

"요즘 뉴욕으로 거점을 옮기는 빅테크 기업들이 많긴 하죠.

제가 구글에 다녀왔는지 여쭤본 이유는 바로 CEO 때문이에요. 미국의 빅테크 기업이라 하면 대부분 백인 CEO를 떠올리기 쉬운데, 구글의 CEO인 순다 피차이는 인도 출신이거든요. 최근 아시아 출신 CEO들이 점점 늘고 있고, 특히 인도계 미국인의 약진이 두드러집니다."

"오호, 왜 그런가요?"

"인도는 인구가 많고, 영어를 사용하는 인재들이 많아요. 특히 공대공과대학 출신 인재들이 미국 IT 기업으로 많이 들어오고 있죠. 실제로 빅테크 기업에는 인도 출신 엔지니어가 흔해요."

"영어가 되고, 공학적 실력을 갖춘 인재라면 미국에서도 환영할 만하겠네요!"

니콜은 마침 화면에 나타난 한 남자를 가리키며 말을 이었다.

"맞아요. 하지만 아시아계 CEO 중에서 인도를 제외하면 두드러진 국가는 아직 드물어요. 그런데 지금 이 화면에 나오는 엔비디아 창업자 젠슨 황은 대만 출신입니다."

"대만이요? 왠지 더 친근하게 느껴지는데요?"

"그렇죠? 젠슨 황은 동아시아의 작은 나라 대만에서 태어나 아홉 살에 미국으로 건너온 뒤 이민자 생활을 시작했어요. 어릴

적 대만이나 태국에서 지내던 시절보다 훨씬 열악한 환경이었다고 합니다."

"상상이 안 가요. 엔비디아처럼 세계에서 손꼽히는 기업을 만든 창업자라면, 어릴 때부터 엄청나게 좋은 환경에서 자랐을 줄 알았는데요."

"그렇지 않아요. 지금은 많이 나아졌겠지만, 예전엔 아시아인이 미국으로 이민 와서 적응하기까지 쉽지 않은 과정을 거쳐야 했어요. 학교 폭력, 인종 차별까지 겪는 경우가 허다했죠. 젠슨 황도 마찬가지였지만, 그는 좌절하지 않았어요. 어려운 가정형편 속에서도 아르바이트를 하며 고등학교를 2학년에 조기 졸업할 만큼 공부도 잘했답니다."

경민은 갑자기 반성 모드로 자아성찰을 시작했다.

"반성해야겠네요. 저는 지금 공부도 버거운데…."

"괜찮아요. 모두가 젠슨 황처럼 살 필요는 없죠. 이후 젠슨 황은 오리건 주립대학교에서 전기공학을 전공하고, LSI 인더스트리와 AMD에서 마이크로 프로세서컴퓨터나 전자기기에서 연산과 제어를 담당하는 핵심 칩 엔지니어로 일했어요. 그러던 어느 날이었죠."

"그러던 어느 날?"

"젠슨 황은 게임을 무척 좋아했어요. 어느 날 게임을 하는데, 그래픽 품질이 마음에 들지 않으니 재미가 덜한 거예요. 그래서 '차라리 내가 더 좋은 그래픽 카드를 만들어서 팔면 되겠는데?' 라는 생각을 했고, 당시 근무하던 AMD를 그만두고 직접 회사를 차려 그래픽 카드를 만들기 시작했어요."

"저도 게임을 좋아하는데! 제게도 드디어 희망이 생기나요?!"

"경민, 명심해야 해요. 젠슨 황은 게임'만' 좋아한 게 아니라, 게임'도' 좋아했다는 사실을 말이죠. 특히 자신의 전문 분야인 마이크로 프로세서 기술을 활용해 게임 그래픽을 개선하겠다는 목표가 있었어요. 이 동기부여가 지금의 엔비디아를 탄생시킨 원동력이 되었죠!

경민도 창업자를 꿈꾼다면, '내가 무엇을 잘하고, 무엇에 흥미를 느끼는가?'라는 질문부터 해봐야 해요."

"네, 알겠어요!"

"어휴, 말은 청산유수지!"

혜민이 어이없다는 듯 웃음 짓는 사이, 안 쌤은 경민의 머리를 가볍게 쓰다듬으며 미소를 지었다.

엔비디아의 미래 수업

젠슨 황 Jensen Huang
대만계 미국인 전기공학자이자 엔비디아의 설립자이며 현 CEO

경민 오늘 엔비디아 견학을 하고 나니 저도 컴퓨터 공학을 전공하고 싶다는 생각이 들어요. 그런데 최근에 충격적인 말씀을 하셨더라고요. "컴퓨터 공학을 전공하지 말라"고요?

젠슨 제 이야기가 충격적일 수 있다는 점은 저도 잘 알고 있습니다. 지금까지 많은 사람들이 "미래를 위해 컴퓨터 공학을 전공해야 하고, 프로그래밍 언어를 배워야 한다"고 들어왔을 텐데요, 제 생각은 정반대입니다.

이제는 프로그래밍 언어를 여러 개 배울 필요도, 프로그래밍 자체를 사람이 직접 할 필요도 점점 사라지고 있어요. 엔비디아가 하는 일이 바로 그것을 가능하게 만드는 것이니까요.

다시 말해, 이제는 특별한 학습 없이도 누구나 '프로그래머와 같은 역할'을 할 수 있는 시대가 오고 있어요. AI 덕분에 프로그래밍을 인간이 직접 하지 않아도 되는 때가 빠르게 다가오고 있습니다.

경민 그렇다면 이제 사람은 아무것도 할 필요가 없는 건가요? AI가 다 해 주니까, 굳이 공부할 이유가 없지 않을까요?

젠슨 좋은 질문이에요. 그렇다면 우리는 이제 무엇을 공부해야 할까요?

컴퓨터 공학 기술은 나날이 발전하며, 사람이 관여하는 부분은 점점 더 줄어들고 있습니다. 그렇다면 우리는 그 열정과 에너지를 다른 분야로 돌려야 해요. 예를 들어 반도체나 컴퓨터 공학 같은 분야는 AI에게 맡기고, 우리는 아직 무궁무진하게 개발할 여지가 남아 있는 '생명공학' 같은 분야를 탐구하면 어떨까요? 인간의 생명을 이해하고 연구하는 과정에 AI 기술을 접목한다면, 더 빠르고 다양하

〈AI 대장, 엔비디아 CEO의 예측〉 QR을 스캔하면, 미래에 우리가 해야 할 공부에 대한 젠슨 황의 이야기를 들을 수 있습니다

게 실험 결과를 확인할 수 있어요. 이를 통해 더 안전하고 효율적인 연구 개발이 가능한 미래가 다가오고 있습니다.

즉, AI에 맞서 컴퓨터 공학을 파고들기보다, AI를 활용할 수 있는 생명공학 분야로 나아가면 사람의 역량이 더 빛을 발할 수 있다는 거죠.

혜민　이건 제가 꼭 물어보고 싶었던 건데요. CEO님은 AI에 대해 정말 강한 확신을 가지고 계신 같아요. 그렇게 대단한가요? AI가 어느 정도길래 그런 말씀을 하시는지 궁금해요.

젠슨　우리가 AI인공지능라고 부르는 기술에 대해 그동안 많은 이들이 의문을 가져왔어요. 과연 AI가 인간처럼 '지능'을 갖출 수 있는지 말이죠.

최근 챗GPT처럼 인간과 대화하듯 답변하는 AI를 보면, 확실히 예전보다 훨씬 인간적인 면모를 보여주고 있어요. 단순히 계산 속도를 높인 것을 넘어, 문제를 이해하고 다양한 맥락을 파악하는 능력도 향상되고 있습니다.

예를 들어 변호사 시험처럼 사례 중심으로 문제를 풀이하는 시험에서도 AI가 합격할 수 있는 수준에 이르렀어요. 법 분야에서만 봐도 인간과 비슷하거나 그 이상의 결과를 낼 수 있다는 거죠. 물론, 의학이나 복잡한 과학 시험처럼 아직 AI가 어려움을 겪는 분야도 있습니다. 하지만 지금의 발전 속도를 감안하면, 향후 5년 내에 이런 분야도 AI가 충분히 정복할 수 있으리라 예상됩니다.

그럼, 그다음은 어떻게 될까요? 만약 AI가 인간이 만든 시험 문제는 물론이고, AI가 자체적으로 출제한 문제까지 해결할 수 있다면, 그때는 인간이 오히려 AI가 낸 시험을 치러야 하는 상황이 올지도 모릅니다. 말 그대로 '전세 역전'이죠.

경민 그럼, 우리가 AI에게 지배당하게 되는 건가요?

젠슨 그보다는 AI를 통해 우리 사회에 근본적인 변화가 일어날 것이라고 봅니다. 우리 모두가 언젠가는 AI와 함께 일하게 될 거예요. 경민과 혜민이 어른이 될 즈음이면, 현실 세계에서 물리적으로 움직이는 AI 로봇과 함께 일하게 될지도 모르죠!

혜민 AI를 인간과 공존하는 동반자로 인식해야 할 날이 올 수도 있겠어요.

경민 흠, AI와 동료가 되는 미래를 준비해야겠네요!

엔비디아의 GPU 제품은 PC, 스마트폰, 메타버스, AI 시대에 이르기까지 생활 전반에 큰 변화를 가져왔습니다. ▶ 이러한 기술 발전이 사람들의 소통 방식, 여가 생활, 일하는 방식에 어떤 변화를 일으킬 수 있는지, 긍정적 측면과 주의해야 할 점을 중심으로 생각해 보세요.

_____

_____

_____

엔비디아는 CPU 시장이 아닌 GPU 시장에 집중했고, 그것이 지금의 성공을 이끌었다고 해요. 이렇게 한 분야에 집중하는 경영 전략은 위험해 보이지만, 큰 기회를 잡을 수도 있죠. ▶ 기업이 한 분야에 집중하는 전략은 어떤 장점과 단점을 가질까요? 엔비디아 사례를 참고하여, 빠르게 변화하는 시대에 기업이 어떻게 살아남을 수 있는지 생각해 보세요.

_____

_____

비트코인 가격 변동으로 인한 GPU 수요 증가·감소, AI 열풍으로 인한 GPU 주문 폭발 등 엔비디아의 주가는 다양한 외부 요인에 영향을 받아왔습니다. 실제로 엔비디아 주식은 GPU 수요가 늘어날 때 가치가 오르고, 줄어들 때 떨어지는 등 시장 흐름에 따라 큰 변동을 겪었죠. ▶ 한 기업의 주가는 어떤 요인에 따라 오르락내리락할까요? 그리고 엔비디아처럼 기술 변화에 민감한 기업에 투자할 때 고려해야 할 점은 무엇일까요?

엔비디아는 전 세계 빅테크 기업들이 필요로 하는 그래픽 처리 장치를 만들고 있어요. 이처럼 한 기업이 중요한 기술과 제품을 독점적으로 공급하면 많은 기업과 사회가 그 회사에 의존하게 됩니다. ▶ 특정 기업에 지나치게 의존하는 사회 구조는 어떤 문제를 일으킬 수 있을까요? 그런 의존을 줄이기 위해 사회는 어떤 노력을 해야 할지도 생각해 보세요.

▶ 사람이 직접 생각하고 공부하지 않아도 되는 시대가 온다면, 우리는 어떤 능력을 키워야 할까요? 기계가 가질 수 없는 '인간만의 장점'은 무엇인지 생각해 보세요.

04

위대한 유산,
애플 파크에서
미래를 읽다

김밥 혹은 부리토? 아니, '애플'입니다!

정오 무렵, 엔비디아 사옥 투어를 마친 뒤 다음 목적지로 이동하려는데 허기가 몰려왔다. 특히 경민의 뱃속에서 '꼬르륵' 소리가 연이어 울려 퍼졌다.

"쌤, 배가 너무 고픈데…. 밥부터 먹고 다음 회사에 가면 안 될까요?"

"그러게. 아침부터 뛰어다니느라 아직 아무것도 못 먹었지? 음, 저기 '스시부리토' 가게가 있네. 저기로 가 보자."

세 사람은 가게로 발길을 옮겼다.

"우와, 미국 실리콘밸리에도 김밥 같은 게 있네요. 안녕하세요, 사장님!"

가게에 들어서자, 근육질의 덩치 큰 주인이 환한 미소를 지으며 한국어로 응대했다.

"헬로! 한국 분이군요? 반갑습니다. 우리 가게는 산호세에서 가장 맛있는 스시부리토를 팝니다. 무엇을 준비해 드릴까요?"

혜민은 눈을 동그랗게 뜨고 의아한 듯 말했다.

"어? 이거 꼭 김밥 같은데 스시부리토라고 하네요."

안 쌤이 안경을 추켜올리며 설명했다.

"스시부리토는 캘리포니아롤과 부리토를 결합한 음식이야. 부리토는 원래 또띠아로 재료를 말아먹는데, 스시부리토는 또띠아 대신 김으로 밥과 야채를 싸서 먹는단다. 사실상 김밥과 비슷하지. 요즘 미국에서는 김에 싸 먹는 음식이 '건강식'으로 인식되고 있어서 한국산 냉동 김밥도 인기라고 하더구나."

> **부리토**는 멕시코 음식으로, 얇은 밀가루로 만든 또띠아에 밥, 고기, 콩, 야채 등을 넣어 돌돌 말아 먹는 요리입니다. 미국 전역에서 대중적으로 즐겨 먹는 음식 중 하나죠. 스시부리토는 여기에 김을 사용해 일본식 스시 또는 한국 김밥과 유사한 형태로 만든 퓨전 음식입니다.

셋은 여러 종류의 스시부리토를 주문한 뒤 허겁지겁 먹기 시작했다. 경민은 금세 한 줄을 뚝딱 해치우더니 혜민에게 말했다.

"선배, 저 지금 너무 설레요."

경민의 말에 혜민은 거울에 비친 자신의 모습을 보며 농담을 건넸다.

"왜 갑자기? 오늘 내가 너무 예쁜가?"

경민은 인상을 찌푸렸지만 이내 마음을 가다듬고 혜민에게 대답했다.

"그런 게 아니라요. 저는 진짜 아이폰을 사랑한다고요. 그런데 다음 방문하는 곳이 애플이잖아요. 꿈인가, 생시인가? 아니지! 저는 이걸로 꿈을 이뤘어요."

혜민은 살짝 어이없다는 표정을 지으며 팔짱을 끼고 경민을 바라봤다.

"꿈이 그게 다야? 애플 본사 방문이 꿈이라니, 좀 더 큰 포부를 가져보는 건 어때? 애플에 입사한다거나, 애플 같은 회사를 만들어 본다거나…"

"오! 그러면 오늘 애플 직원 만나서 어떻게 하면 입사할 수 있는지 물어봐야겠어요!"

말을 마치자마자 경민은 서둘러 일어나더니 가게 문을 나서며 앞장섰다.

애플 파크에 입성하다!

"이게 뭐죠? 거대한 우주선 같아요!"

"그러게! 정말 웅장하고 대단하구나."

애플 본사의 방문자 센터 2층에 올라가 그곳 전경을 바라본 세 사람은 입을 다물지 못했다. 거대한 공원 같은 느낌의 애플 본사는 단순히 회사라기보다 신비롭고 독특한 분위기를 풍겼다. 우주선을 닮은 것 같기도 하고, 숲속에 조용히 자리 잡은 자연 그대로의 모습처럼 보이기도 했다.

그때, 한 남자가 세 사람에게 다가와 반갑게 말했다.

 "안녕하세요! 한국에서 오신 분들이죠? 저는 피터슨 입니다. 오늘 애플 파크 투어를 담당하게 됐어요. 편하게 '피터'라고 불러주세요. 음, 한 분은 삼성 스마트폰을 쓰고 계시네요?"

피터슨은 안 쌤의 스마트폰을 가리키며 웃었다.

"하하, 혹시 애플 제품을 안 쓰면 입장할 수 없나요?"

"그런 건 아닙니다. 다만 미국과 달리 한국에는 삼성 갤럭시

스마트폰 사용자가 많다는 게 참 인상적이라서요. 아, 그리고 한 가지 알려드릴 게 있어요. 애플 본사 내부는 외부인 출입이 어려워서 이곳 방문자 센터에서 본사 관련 설명을 자세히 드리겠습니다."

피터슨은 웃으며 애플 파크에 대한 이야기를 이어 나갔다.

"애플 파크는 스티브 잡스의 마지막 비전, 즉 유작으로 알려져 있습니다. 그는 이곳을 단순히 한 기업의 본사가 아니라, 애

하늘에서 내려다 본 애플 파크

플의 철학과 가치를 담은 혁신의 상징으로 만들고자 했습니다.

가장 큰 특징은 건물이 순환형, 즉 '도넛 모양'으로 설계되었다는 점인데요, 이 덕분에 사무실 어디에서든 자연 채광을 받을 수 있습니다. 내부는 초대형 태양광 패널로 에너지를 충당해요. 애플의 환경 친화적인 철학을 그대로 보여주는 부분이죠.

뿐만 아니라, 건물 전체가 지진에도 견딜 수 있도록 최첨단 내진 설계를 적용했어요. 최대 1만 4천여 명이 일할 수 있는 사무실인 동시에, 숲과 정원이 어우러져 마치 수목원처럼 보이기도 합니다. 건물 내부는 완전히 통합된 오픈 스페이스로 협업을 극대화하는 구조로 되어 있어요. 이 모든 요소는 스티브 잡스가 꿈꿨던 미래적이고 창의적인 일터를 현실로 옮긴 것입니다."

"정말 '혁신'이라는 단어가 딱 맞는 곳이네요. 회사가 아니라 작품 같아요!"

"맞아, 이곳에서는 일하는 사람도 더 창의적으로 보일 것 같아요."

혜민과 경민은 감탄을 멈추지 못했다. 피터슨도 고개를 끄덕이며 말했다.

"지금 여러분의 표정이 바로 스티브 잡스가 의도한 바입니다."

자신이 만든 회사에서 쫓겨난 잡스

"여러분은 스티브 잡스에 대해 얼마나 알고 계신가요?"

피터슨의 질문에 경민이 기다렸다는 듯 신나게 대답했다.

"아이폰의 아버지잖아요! 우리가 쓰고 있는 스마트폰 대중화를 이끈 분 아닌가요?"

"맞아요, 잘 알고 있군요. 스티브 잡스는 아이폰, 아이패드 등 히트작을 연이어 선보인 애플의 창업자입니다."

경민은 눈에서 하트가 나올 것처럼 흥분했다.

"저도 잡스처럼 멋진 회사를 만들고 싶어요. 전 세계 사람들이 좋아하는 전자제품을 만든다는 건 생각만 해도 설레요!"

피터슨이 호쾌하게 웃으며 말했다.

"하하, 확실히 잡스는 애플의 핵심 엔진이었죠. 하지만 잡스가 애플 컴퓨터를 만들고 회사를 지금처럼 키우는 동안 우여곡절도 많았습니다."

혜민 역시 스티브 잡스에 대한 이야기에, 둘째가라면 서러울 만큼 신이 나 말했다.

"저도 그 이야기는 들었어요! 자신이 차린 회사에서 쫓겨났던 스티브 잡스가 다시 돌아와 멋지게 부활했다죠?"

"네, 맞아요. 그럼 잡스와 애플의 시작부터 알아볼까요? 잡스는 스티브 워즈니악과 함께 애플을 창업했어요. 워즈니악은 애플의 1호 사원으로, 지금도 활발히 활동 중인 개발자랍니다. 그때 잡스는 영업과 경영을 맡고, 워즈니악은 개발을 담당했죠."

안 쌤이 감탄하며 말했다.

"최고의 개발자와 최고의 장사꾼이 만난 셈이군요…!"

그 말을 들은 피터슨이 고개를 끄덕였다.

"그 말씀이 딱 맞아요. 1976년에 두 사람은 애플 컴퓨터를 출시하며 업계에 혜성처럼 등장했습니다. 애플 1, 그리고 이어서 애플 2, 그다음으로 '리사Lisa' 같은 컴퓨터를 내놓았죠."

혜민이 고개를 갸웃했다.

"리사요? 처음 듣는 이름인데요?"

애플이라면 공부할 만큼 했다고 생각한 혜민도 낯선 단어에 궁금증이 생겨나기 시작했다.

"애플 이야기에서 리사를 빼놓을 수는 없어요. 리사는 본격적인 GUI가 적용된 최초의 애플 컴퓨터였습니다. 이전까지는 CUI 방식이라 컴퓨터를 사용하기 어렵고 복잡했죠.

리사를 개발하기 전까지 모든 컴퓨터는 키보드로 명령을 입력하면, 그 결과가 모니터 화면에 문자로 출력되는 방식이었어요. 이를 CUICharacter User Interface, 즉 '문자 기반 인터페이스'라고 부르는데, 컴퓨터를 잘 모르는 사람들에게는 이런 방식이 무척 어렵게 느껴졌죠."

혜민이 호기심 가득한 표정으로 물었다.

"그럼 GUI는 문자 입력이 아니라 말하기로 명령하나요?"

피터슨은 복도의 끝에 멈춰 서더니, 아이폰을 꺼내 들고는 화면을 천천히 보여주며 설명을 이어 나갔다.

"GUIGraphical User Interface, 그래픽 기반 인터페이스에서 G는 그래픽을

애플이 1976년 출시한 애플 최초의 컴퓨터, 애플 1(왼쪽 / CUI 방식)**과**
1983년 출시한 리사(오른쪽 / GUI 방식)

출처 : shutterstock.com / commons.wikimedia.org

의미해요. 문자가 아니라 시각적인 그림을 통해 컴퓨터와 소통하는 거죠.

예를 들어 볼게요. 스마트폰 가게에 가서 CUI 방식으로 구매한다면 '아이폰 16 프로 주세요'라고 입력해야 합니다. 하지만 GUI라면 사진이나 아이콘을 손가락으로 가리키면 그만이죠.

이처럼 GUI는 사용자 친화적인 환경을 제공하는 혁신이었습니다. 1980년대 당시 이건 굉장한 변화였어요."

안 쌤이 고개를 끄덕였다.

"명령어 대신 그림을 선택하는 방식이니, 확실히 사용하기에 훨씬 편해졌겠네요."

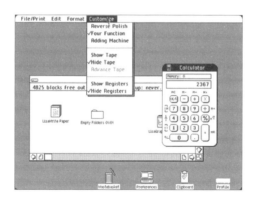

당시 리사 컴퓨터의 화면 : 그래픽을 기반으로 한 혁명적인 변화

출처 : commons.wikimedia.org

"맞습니다. 잡스의 사용자 친화적인 철학은 이미 그때부터 시작됐어요. 하지만 1980년 5월 출시된 애플 3부터는 판매가 좋지 않았고, 리사도 너무 비싸서(대당 1,000만 원이 넘었다고 해요) 소비자들에게 외면받았습니다."

"잡스는 무엇이든 만들기만 하면 성공시킨 줄 알았어요."

경민이 머리를 긁적였다. 피터슨은 이야기를 이어 나갔다.

"더불어 이러한 판매 부진으로 인해 잡스는 이사회의 결정으로 쫓겨나게 됩니다. 계속해서 잡스가 원하는 제품을 만들다간 회사의 재정이 남아나지 않을 것 같았거든요."

경민이 마치 자기 일인 양, 억울하다는 듯 따져 물었다.

"잡스를 쫓아내면 애플은 어떡하고요?"

"잡스가 쫓겨난 뒤에도 애플은 매킨토시 등 다양한 제품을 내놨지만, 예전만큼의 명성을 되찾지 못했어요. 쫓겨난 잡스는 넥스트NeXT라는 회사를 세워 컴퓨터를 만들었는데, 가격이 너무 비싸서 큰 손실을 보고 말았죠."

혜민이 입술을 깨물며 말했다.

"그대로 끝나진 않았을 텐데…, 다른 승부수가 있었나요?"

"지금까지도 시리즈가 계속 나오는 영화 〈스타워즈〉를 아시죠? 이 영화를 만든 사람은 조지 루카스 감독이에요. 그의 회사 '루카스 필름'에는 뛰어난 실력을 가진 그래픽 팀이 있었는데, 당시 루카스 필름 또한 자금난이 심해져서 그래픽 팀을 통째로 팔아야 할 상황이 됐어요.

이때 잡스의 회사 넥스트가 루카스 필름의 그래픽 팀을 인수해 장편 애니메이션을 만들기 시작합니다. 이것이 그 유명한 픽사 스튜디오의 탄생이었어요!"

경민이 좋아하는 픽사 이야기에 눈을 반짝였다.

"와…, 픽사요? 스티브 잡스는 컴퓨터뿐만 아니라 문화에도 엄청난 영향을 끼쳤군요!"

"그렇죠. 생각지도 못한 방향으로 잡스의 사업 영역이 확장된 셈이에요. 잡스가 인수했다고 해서 회사 사정이 크게 나아진 건 아니었답니다. 하지만 업계에서도 픽사의 실력만큼은 확실히 인정하는 계기가 되었답니다."

혜민은 이번만큼은 잡스가 고전할 거라고 생각한 듯 조심스럽게 물었다.

"잡스는 어떻게 그 어려움을 헤쳐나갔나요?"

"좋은 질문이에요! 이때 잡스의 강점인 영업력이 다시 한번

▲ 캘리포니아 픽사 캠퍼스 안에 있는 '스티브 잡스 빌딩'
◀〈1995년, 토이 스토리의 대성공과 잡스의 귀환〉 QR을 스캔하고,
픽사와 스티브 잡스에 대한 다큐멘터리를 감상하세요!

빛을 발합니다. 픽사의 장점을 살리는 동시에, 시급한 자금 문제를 해결하기 위해서 월트 디즈니와 '역대급' 계약을 맺었는데요. 무려 2,600만 달러라는 거액의 투자를 받아 장편 애니메이션을 제작하기로 한 거예요!"

혜민은 한 손으로 입을 가리고 놀란 표정을 지으며 물었다.

"설마…, 그 투자로 만든 첫 장편 애니메이션이…?"

"혜민이 예상한 그 영화가 맞을 듯하군요. 그 주인공은 바로 〈토이 스토리〉입니다. 〈토이 스토리〉가 개봉하자마자 대성공을 거둔 데 이어 〈벅스 라이프〉, 〈몬스터 주식회사〉, 〈니모를 찾아서〉 등, 내놓는 작품마다 연달아 흥행에 성공하며 픽사 애니메이션의 전성기가 이어졌죠."

안 쌤이 감탄을 금치 못하며 고개를 끄덕였다.

"매킨토시를 만든 잡스가 〈토이 스토리〉까지 탄생시켰다니, 현대인들은 잡스에게 정말 많은 빚을 졌군요."

"맞아요. 이후 잡스는 픽사를 주식시장에 상장시키며 다시 억만장자의 자리에 올랐습니다. 애플에서 쫓겨나 쓸쓸히 떠났던 과거를 완전히 지워버린 대단한 반전이었죠. 게다가 픽사는 곧 월트 디즈니에 인수되었고, 덕분에 잡스는 디즈니 주식을 가장 많이 보유한 사람이 되기도 했답니다."

이야기를 마친 피터슨은 애플 파크 안쪽의 공원을 바라보며 잠시 생각에 잠겼다.

금의환향한 잡스 그리고 아이폰의 탄생

피터슨이 애플 입사를 고민하던 때는 1997년이었다. 당시 애플은 기울어가고 있었던 반면, 전도유망한 빅테크 기업들은 눈부신 성장을 하고 있었다. 애플에 들어갈 것인가, 아니면 다른 기업을 선택할 것인가. 고민은 길지 않았고, 피터슨은 결국 애플을 택했다.

"다음은 스티브 잡스가 애플로 돌아오는 이야기겠네요?"

경민이 조용했던 분위기를 깨며 물었다.

"맞아요. 잡스는 1995년 〈토이 스토리〉로 대성공을 거둔 뒤 재기를 노리고 있었던 한편, 애플은 연이은 적자로 어려움을 겪었죠."

피터슨은 기억을 더듬으며 말을 이었다.

"솔직히 애플이 워낙 어렵던 때라, 저도 고민했었답니다. 하지만 혼란 속에서도 잡스의 비전은 확고했고, 결국 저 역시 그의 열정에 매료되었었죠."

피터슨은 미소를 지으며 파란색 셔츠를 매만졌다. 단정한 복장은 젊어 보였지만, 은발에 가까운 흰머리는 그의 나이를 가늠

하기 어렵게 만들었다. 안 쌤과 혜민은 서로 눈짓하며 그의 나이에 대한 호기심을 감추지 못했다.

한편, 경민은 통쾌하다는 표정을 지으며 큰 소리로 말했다.

"쌤통인데요? 잡스를 내쫓고 잘 될 줄 알았나? 흥!"

"하지만 잡스의 마음은 복잡했을 거예요. 자신이 젊음을 바쳐 키운 회사가 무너지는 걸 보는 게 얼마나 괴로웠겠어요. 결국 1997년 애플에서 SOS를 요청하자 잡스는 이를 흔쾌히 받아들여 애플로 복귀했습니다."

"자기를 내쫓은 회사로 돌아갔다고요?"

경민이 놀라며 물었다.

"잡스에게 애플은 단순히 자신을 내쫓은 회사가 아니라, 인생의 일부였죠. 잡스의 복귀 소식에 애플 내부는 술렁였어요. 과연 고집 세던 그가 어떻게 변했을까 궁금해했죠."

혜민도 잡스가 돌아온 이후의 애플이 궁금했다. 한 사람의 힘으로 회사가 얼마나 바뀔 수 있을까? 그런 인물이 또 등장할 수 있을까?

잡스가 복귀 후 출시한 노트북, 아이북
출처 : commons.wikimedia.org

"그럼 잡스가 돌아온 뒤 애플은 다시 살아났나요?"

혜민이 물었다.

"네, 잡스가 복귀한 후 애플은 일체형 PC인 '아이맥iMac'과 노트북 '아이북iBook'을 내놓았는데, 둘 다 인기를 끌었어요. 특히 아이맥은 기존에 없던 세련된 디자인으로 '컴퓨터는 투박하다'는 편견을 깼죠."

"그야말로 애플에 제2 전성기가 시작되었군요!"

"아이맥과 아이북의 성공에 만족한 이사회와 직원들은 잡스를 정식 CEO로 추대했고, 그는 또 다른 시작을 준비했습니다."

혜민이 잽싸게 이어 물었다.

"다음이라면, 아이팟iPod인가요?"

혜민과 피터슨의 질문과 대답이 이어지면서 애플의 전성기에 대한 이야기가 무르익어 갔다.

"잘 알고 있군요. 애플은 단순히 PC나 노트북에 머물지 않고, 이동하면서 음악 등의 멀티미디어를 즐길 수 있는 모바일 기기 시장으로 넘어갔어요. 그 선두에 아이팟이 있었죠."

"PC 시대와 스마트폰 시대 사이에서 애플은 늘 앞서갔네요?"

"애플은 PC가 대중화될 때도 선구자였고, 휴대용 음악 재생기와 스마트폰 시대로 넘어갈 때도 마찬가지였어요. 사용자 경험UX, User Experience에 집중하는 애플의 철학은 시대에 맞는 새로운 제품들을 계속 내놓으며 빛을 발해 왔습니다."

세상에 없던 트렌드를 만들다

"애플이 매번 트렌드를 재빠르게 따라갔다고 볼 수 있을까요?"

"아니에요! 잡스는 트렌드를 따른 게 아니라, 전혀 새로운 흐름을 만들어낸 사람이에요. 잡스는 생전에 한 강연에서 이런 말을 남겼습니다.

'우리의 일은 고객이 욕구를 느끼

아이팟은 애플이 2001년에 출시한 휴대용 음악 재생기기입니다. 당시 CD나 카세트테이프를 사용하는 기존 음악 감상 방식에서 벗어나 디지털 음악 시대를 열었죠.
손바닥보다 작은 크기에 수천 곡의 음악을 담을 수 있어 휴대성이 뛰어났고, 간편한 조작 휠과 아이튠즈와의 연동으로 음악 관리가 편리해졌어요.
아이팟은 단순한 음악 플레이어를 넘어, 이후 등장할 스마트폰과 스트리밍 서비스 시대의 문을 연 혁신적 기기로 평가받고 있습니다.

기 전에, 그들이 무엇을 원하는지를 파악하는 것이다. 사람들은 직접 보여주기 전까지 자신이 무엇을 원하는지 전혀 모른다.'

한 번 생각해 보세요. 컴퓨터가 있다는 사실은 누구나 알고 있었지만, 집집마다 컴퓨터를 들여놓고 즐길 수 있어야 한다고 생각한 소비자는 거의 없었어요.

게다가 거실 한편에 LP 플레이어나 오디오를 놓고 음악을 듣는 게 당연했던 시절이었죠. 귀에 이어폰을 꽂은 채 걸어 다니며 다양한 음악을 듣고 싶다는 욕구를 느낀 사람도 많지 않았어요.

하지만 잡스가 아이팟을 내놓아 휴대용 음악 재생기 시대를 연 순간, 사람들의 숨겨진 욕망이 깨어나 엄청난 시장을 만들어 낸 거예요."

"그렇다면 스마트폰은요?"

"스마트폰이라는 개념은 IBM이나 노키아 같은 회사들이 어느 정도 틀을 마련해 놓은 상태에서 상품도 이미 시장에 나와 있었습니다. 그런데 그걸 사람들이 '필수품'으로 느끼도록 만든 건 바로 애플이었죠.

스티브 잡스가 떠나기 전의 애플은 최고의 기술을 한데 모아 제품을 만드는 데 집중했어요. 그래서 애플 3나 리사처럼 성능

이 뛰어난 기기를 만들어냈지만, 시장에서는 큰 관심을 받지 못했죠.

그런데 픽사를 성공시킨 뒤 애플로 돌아온 잡스는 '사람들이 정말로 원하는 것'을 제대로 파악했어요. 쓰고 싶게 만드는 요소들을 모아서, 완전히 새로운 혁신적인 제품을 선보인 거예요.

스마트폰을 처음 만든 건 애플이 아니지만, 지금처럼 우리 모두가 편리하게 사용하는 스마트폰 시대를 연 건 스티브 잡스와 애플이라고 할 수 있답니다."

"그러고 보니 아이폰을 처음 선보일 때 잡스가 직접 제품을 소개하는 프레젠테이션을 본 적 있어요. 아이폰을 안 살 수 없게 만드는 발표더라고요!"

"2007년에 있었던 아이폰 첫 발표 이야기군요. 혜민과 경민은 태어나기도 전이죠? 그 프레젠테이션은 '프레젠테이션의 정수'라고 불릴 만큼 뛰어났어요. 왜 사람들이 잡스의 애플을 사랑할 수밖에 없는지를 잘 보여줬거든요.

그 발표에서 잡스는 애플 컴퓨터, 아이팟 그리고 '새로운 무언가'를 차례로 소개했는데, 그게 바로 아이폰이었어요.

아이폰이 등장하기 전에 사람들은 음악을 듣기 위해 아이팟

2007년 애플의 행사인 '맥월드'에서 최초로 아이폰을 소개하는 잡스의 모습

출처 : superapple4ever (youtube)

을, 통화를 위해 휴대전화를, 정보 탐색을 위해 PC를 따로 사용해야 했습니다. 그런데 아이폰은 이 세 가지 기능을 한 기기에 모두 담아냈어요. 이로써 애플이 주도하는 스마트폰 시대가 열렸던 거죠."

"그야말로 스마트폰 시대의 서막이었네요!"

"맞아요. 스티브 잡스는 누군가를 따라가는 대신, 늘 자신만의 새로운 시대를 열어낸 선구자였던 셈이죠."

애플 생태계의 확장은 계속된다

　방문자 센터를 둘러보며 이야기를 나누던 피터슨과 세 사람은 한 전시대에 놓인 맥북 앞에 멈춰 섰다. 혜민은 맥북 옆에 전시된 얇은 맥북에어를 보며 말했다.

　"스티브 잡스가 서류 봉투에서 맥북에어를 꺼내는 유명한 프레젠테이션을 본 적 있어요. 노트북이 얼마나 얇은지를 묘사하는데 그 무엇보다 실감 나는 모습이어서 잊혀지지 않더라고요."

　피터슨이 고개를 끄덕였다.

　"재미있는 장면이었죠. 그런 식으로 애플은 신제품을 하나둘 선보이며, 자체적인 생태계를 구축하고 다른 산업에도 혁신을 불러일으켰습니다."

　경민이 손가락을 하나씩 꼽으며 물었다.

　"컴퓨터는 아이맥, 노트북은 맥북, 스마트폰은 아이폰…. 그리고 또 뭐가 있나요?"

　"사실 잡스는 맥북에서 아이폰으로 단계를 건너뛰었다고 생각했어요. 맥북과 아이폰 모두 휴대가 가능한 제품이기 때문에 사람들은 그런 잡스의 생각을 쉽게 이해하지 못했죠.

대체로 맥북은 책상 위에 두고 큰 화면으로 작업할 수 있는 PC 대체품이고, 아이폰은 화면을 줄여 휴대성을 극대화한 기기 잖아요. 그러다 보니 잡스는 '화면이 크면서 휴대성도 높은' 기기가 필요하다고 본 거예요. 바로 그 맥북과 아이폰 사이를 잇는 제품이 등장하게 되는데…."

안 쌤이 나지막이 말했다.

"아이패드의 탄생이로군요?"

"맞습니다. 아이패드는 새로운 개념인 태블릿PC 시대를 열었죠. 이전에도 태블릿 형태의 기기가 있었지만 대중화되지 못해서 애플이 만든 생태계를 따라잡지 못했어요."

경민은 또 궁금증을 참지 못해 손을 들고 물었다.

"저…, 아까부터 계속 생태계를 말씀하시는데 애플이 만드는 생태계라는 게 무엇인가요?"

피터슨은 미소를 지으며 답했다.

"좋은 질문이에요. 애플 제품을 쓰기 시작하면, 새 기기를 사서 연결할 때마다 일일이 설정할 필요 없이 원래 쓰던 것처럼 바로 사용할 수 있어요.

아이폰, 아이패드, 맥북, 아이맥 등 다양한 기기들이 하나의 계정으로 촘촘히 연결되는 환경을 '생태계'라고 표현해요. 한번 애플에 빠지면 헤어 나올 수 없는 이유가 바로 거기에 있죠. 애플이 선구적으로 생태계를 구축한 후, 다른 회사들도 마찬가지로 각자의 생태계를 만들고 키우려 노력하고 있어요." 애플의 생태계에 대한 이야기는 《10대를 위한 워런 버핏 경제 수업》 프롤로그의 '안 쌤 노트'를 참고

　이야기를 들으며 곰곰이 생각하던 혜민이 무언가 깨달은 듯 말했다.

　"가령, 아이폰을 쓰다가 앱스토어에서 구매한 어플을 아이패드에서도 그대로 사용할 수 있는 걸 애플의 생태계라고 말하는 건가요?"

　"맞아요. 하지만 그건 애플 생태계의 극히 일부에 불과하답니다. 애플은 이 생태계를 통해 놀라운 편의성과 일체감, 그리고 연속성을 만들어 가고 있어요.

　예를 들어 아이폰에 에어팟을 연결해 둔 정보가 있다면, 이후에 새로 구매한 아이패드나 맥북, 아이맥에서도 바로 그 에어팟을 연동해서 사용할 수 있어요. 맥북 옆에 아이패드를 놓으면 아이패드가 추가 모니터 역할을 할 수도 있고, '에어드롭'이라는

기능을 통해 무선으로 데이터를 빠르게 공유할 수 있죠."

"한번 애플 제품을 사면 다음 제품도 애플 제품을 구매할 수밖에 없도록 설계한 것이군요."

"그렇습니다. 사용자가 애플 생태계 안에서 편안함과 익숙함을 느끼도록 함으로써, 자연스럽게 애플 생태계 안에서 머물며 생태계를 성장시키게 하는 거예요."

"정말 대단하네요. 그런데 스티브 잡스는 이미 고인이 되셨잖아요. 그럼 이제 예전 같은 혁신은 기대하기 힘든 걸까요? 잡스가 세상을 떠난 뒤 애플에 혁신이 사라졌다는 기사를 읽은 적이 있어요."

경민이 안타까운 듯한 표정과 실망이 가득한 목소리로 묻자, 피터슨이 미소를 지으며 대답했다.

"한 가지 잊지 말아야 할 점이 있어요. 잡스가 세기의 천재였다는 건 분명하지만, 그와 함께 애플 컴퓨터, 아이팟, 아이폰, 아이패드를 만든 팀원들이 존재한다는 사실을 말이죠. 덕분에 잡스가 떠난 뒤에도 애플은 여전히 시대를 이끄는 트렌드 리더다운 모습을 보여주고 있답니다."

피터슨의 말이 끝나기 무섭게 혜민이 경민에게 찡긋 웃어 보이며 말했다.

"그래, 경민아. 에어팟이나 애플워치는 잡스가 세상을 떠난 뒤에 팀 쿡현재 애플의 CEO의 리더십 아래 출시됐잖아. 지금의 애플도 혁신적인 변화를 이어가고 있는 것 아닐까?"

애플의 혁신은 현재 진행형

안 쌤이 태블릿으로 애플의 주가 그래프를 보여주며 말했다.

"혜민이가 말한 것처럼, 잡스가 세상을 떠난 뒤 애플의 혁신이 끝났다는 걱정이 실제로 많았어. 하지만 잡스 사망 당시 약 3,500억 달러 수준이었던 애플의 시가총액은, 팀 쿡이 취임한 이후 어느새 4조 달러 규모에 이르렀지. 당시보다 회사 가치가 이미 10배 이상 커졌다는 뜻이야."

경민은 여전히 아쉬운 듯 중얼거렸다.

"그래도 스티브 잡스가 지금까지 살아 있었다면, 어떤 혁신적인 제품으로 우리를 또 놀라게 했을지 궁금해요."

피터슨이 진지한 표정으로 대답했다.

"경민, 세상에는 경민처럼 호기심 많은 사람들이 필요해요. 경민도 잡스처럼 훌륭한 혁신가가 될 수 있을 것 같은데요?"

"하하…, 제가요?"

"하하…, 경민이가요?"

경민과 혜민이 의아한 눈빛으로 서로 바라보는 사이, 애플 파크 투어는 막을 내렸다. 피터슨은 세 사람을 차량 탑승 장소까지 배웅하며 말했다.

"다음 일정은 메타 플랫폼스 방문이라고 하셨죠? 애플에 스티브 잡스와 팀 쿡이 있다면, 메타 플랫폼스에는 마크 저커버그라는 또 다른 슈퍼스타가 있답니다. 오늘은 여기까지! 이제 메타 플랫폼스에서 펼쳐질 혁신을 통해 새로운 감동을 느껴 보세요."

차를 타고 숙소로 돌아가는 세 사람을 바라보며, 피터슨은 환한 미소로 손을 흔들었다.

잡스 vs. 쿡: 애플의 혁신을 이끄는 두 거인

스티브 잡스는 '천재 창업가'로 불릴 만큼 강렬한 비전을 가진 인물이었어요. 아이맥, 아이팟, 아이폰, 아이패드 등 시대를 앞선 혁신적 제품들은 잡스 특유의 예술적 감각과 고집스러운 완벽주의에서 탄생했습니다. 잡스는 수많은 팀원을 이끌며, 때론 강압적이고 거친 방식으로 최고의 결과물을 추구했답니다.

반면 팀 쿡은 잡스가 떠난 뒤 애플을 이끈 '안정적 경영자'랍니다. 잡스가 천재적 발상으로 제품을 만들어 냈다면, 쿡은 이미 마련된 혁신의 토대를 넓히고 다듬는 데에 뛰어난 인물로 평가받고 있죠. 공급망 관리, 효율적 생산, 사용자 경험 개선을 통해 애플의 생태계를 더욱 견고하게 발전시켰습니다.

잡스 시대가 파격과 도전의 연속이었다면, 쿡 시대는 지속적인 개선과 장기적 안목으로 주목받고 있어요. 두 리더십은 서로 다른 방식으로 애플을 세계적 혁신 기업으로 이끌고 있답니다.

애플의 미래 수업

팀 쿡 Tim Cook
현 애플 CEO

경민 애플의 창업과 역사에 관한 이야기를 들을수록 스티브 잡
스는 애플 그 자체인 것 같아요. 잡스가 떠난 후 새로 CEO
가 된 입장에서 그 무게감이 남달랐을 것 같은데요?

팀 꼭 짚고 넘어가야 할 부분이 있어요. 스티브 잡스는 그 누
구도 대체할 수 없는 인물입니다. 그리고 앞으로도 '제2의
스티브 잡스'는 없을 거예요. 어느 CEO가 오더라도, 잡스
가 일군 업적들을 똑같이 할 수는 없다고 확신합니다.

　실제로 스티브 잡스는 아이폰을 만들었고, 아이폰은 오직
잡스만이 만들 수 있는 혁신적인 제품이었습니다. 그가 해
온 혁신을 제가 그대로 재현하는 건 불가능해요. 저는 스

티브 잡스가 아니니까요.

 그렇기 때문에 잡스 이후 제가 운전대를 잡은 애플은 '그를 따라가려 한다'는 생각으로 경영해서는 안 된다고 봤습니다. 그의 경영 철학과 원칙을 존중하되, 제 역량을 바탕으로 애플이 최고의 성과를 내도록 하면 된다고 생각했죠.

경민 그럼, 실제로 어떤 전략과 방식으로 애플을 이끄셨나요?

팀 저는 '살림꾼'이라는 별명을 가지고 있습니다. 회사 운영에서 낭비되는 부분은 없는지 꼼꼼히 체크하고, 더 많은 사람들이 아이폰을 사용할 수 있는 환경을 만드는 게 제 역할입니다. 덕분에 에어팟, 애플워치 같은 신제품을 꾸준히 출시하며 애플 생태계를 확장했고, 이를 통해 사용자들에게 완전히 새로운 삶의 방식을 제공했죠.

혁신이 잡스의 장기라면, 살림을 잘하는 것은 제 장기입니다. 그 결과 제가 경영을 시작한 이후, 애플 시가총액은 잡스 때보다 10배 이상 성장했습니다. 그리고 지금도 잡스의 혁신을 토대로 제가 잘할 수 있는 일을 찾아가고 있어요.

〈팀 쿡이 말하는 '스티브 잡스' 그리고 '애플'〉 QR을 스캔하고, 팀 쿡의
감동적인 2017년 MIT (매사추세츠 공과대학교) 연설 요약 영상을 함께 보아요!

혜민 최근 애플카 개발을 포기하고 AI에 적극 투자하기로 했다
는 소식을 들었는데, 어떤 생각으로 그런 결정을 내리신
건가요?

팀 애플카는 지난 10년간 100조 원 가까이 투자한 대규모 프
로젝트였습니다. 오랜 시간과 비용을 들여온 만큼 노하우
도 상당히 많이 쌓였죠. 하지만 지금은 전 세계가 AI 대전
쟁을 벌이고 있어요.

훌륭한 인재는 많지만, 그들이 여러 업무를 동시에 잘할 수
는 없겠죠? 그래서 우리와 함께하는 인재들의 역량을 AI
개발에 집중하기로 했습니다. 약간 늦은 감이 있지만, 세계
최고의 기술 기업다운 AI 서비스를 선보일 계획입니다.

애플만의 독보적인 AI인 '애플 인텔리전스Apple Intelligence'에
큰 기대를 하셔도 좋습니다.

혜민 애플이 만드는 생성형 AI라니! 정말 기대되는데요? 세계
최고의 기업이 선보이는 AI인 거잖아요.

팀 사실 애플은 생성형 AI 이전에도 다양한 분야에서 AI를 활
용해 왔습니다. 예를 들어 애플워치는 이용자가 걷는지, 수
영하는지를 자동으로 감지해 운동 이력을 추적하고 있고

요. 만약 사용자가 자동차 사고를 당하면 아이폰이 911우리
나라의 119와 같음에 전화를 걸어 신속하게 도움을 요청할 수도
있죠.

AI의 성능도 중요하지만, AI가 탑재되는 기기도 중요합니
다. 전 세계 수많은 아이폰 유저들과 함께하는 애플은 이
점에서 매우 유리한 위치에 있어요. 세계 최고의 생성형
AI가 탑재된 프리미엄 스마트폰인 아이폰과 함께라면, 인
류는 AI 시대를 더욱 생생하게 체감할 수 있을 것입니다.

스티브 잡스는 "사람들은 보여주기 전까지 자신이 무엇을 원하는지 모른다"는 생각으로 혁신적인 제품을 만들어 냈어요. ▶ 사람들이 아직 필요를 느끼지 않은 물건이나 서비스를 만들기 위해 창작자나 발명가에게 필요한 능력은 무엇일까요? 기술과 아이디어 외에 어떤 '인문적' 자질이 요구되는지 생각해 보세요.

애플은 아이폰, 아이패드, 맥북 등 서로 긴밀히 연결되는 제품을 통해 '애플 생태계'를 구축했습니다. 이러한 애플 생태계는 사용자에게 편리함을 주는 동시에, 그 안에서 사용자가 쉽게 벗어나지 못하도록 만드는 구조를 갖고 있습니다. ▶ 기업이 소비자에게 편의를 제공하되, 생태계에

가둬 놓는 듯한 전략은 윤리적으로 어떤 문제를 일으킬 수 있을까요? 기업이 소비자의 자유로운 선택권을 보장하면서도 지속적인 성장과 혁신을 이룰 수 있는 방법은 무엇인지 고민해 보세요.

스티브 잡스 시대에 '혁신적 신제품' 출시가 중심이었다면, 팀 쿡 시대에는 '안정적 운영'과 '지속적 개선'이 강조되고 있어요. ▶ 한 기업이 성장할 때, '파격적 혁신'과 '안정적 성장' 전략 중 어떤 방식이 더 바람직할까요? 애플 사례를 바탕으로, 변화하는 시대 속에서 기업이 어떤 경영 전략을 택해야 하는지 생각해 보세요.

스티브 잡스 사후, 애플의 시가총액은 크게 증가했습니다. 팀 쿡의 전략 하에 애플은 금융 투자자들에게 안정적인 수익을 제공하고 있죠.

▶ 혁신적 창업가가 떠난 뒤에도 회사 가치가 꾸준히 오르는 것을 보면, 주식 투자 시 회사 창업자나 경영진의 능력 외에 또 어떤 점을 고려해야 할까요? 기업 문화, 브랜드 가치, 제품 생태계 등 다양한 요인을 생각해 보세요.

05

IT 천재들의 놀이터,
실리콘밸리에서
메타를 외치다

캠퍼스? 아니, 메타의 디지털 놀이터!

찰칵, 찰칵.

다음 날 아침 느긋하게 호텔을 출발해 실리콘밸리에서 방문하기로 한 세 곳 중 마지막 행선지에 거의 도착할 무렵이었다. 경민이 아이폰을 들고 주변을 바쁘게 찍기 시작했다.

"우와, 여긴 무슨 대학교예요? 캠퍼스가 엄청 넓네요! 인스타그램에 올려서 자랑해야겠다!"

혜민이 고개를 절레절레 저으며 말했다.

"경민아, 너 인스타 중독 아니야? 아무리 미국 여행이 신나도 그렇지, 그렇게 자랑하면 팔로워들이 다 떨어져 나간다고."

"에이, 선배! 저 그 정도는 아니라니까요. 사람들이 제 미국 여행기를 얼마나 좋아하는데요. 이번 여행 중에 팔로워가 50명이나 늘었다고요!"

안 쌤이 흐뭇한 미소로 한마디 했다.

"그래, 경민이가 인스타그램에 우리의 미국 여행 기록을 정말 열심히 올리고 있더라. 나도 팔로우하고 재미있게 보고 있어. 그런데 알아두면 좋을 게 있어. 우리가 지금 있는 이곳이 바로 인스타그램의 모회사, 메타 플랫폼스의 본사란다."

경민은 그 말에 깜짝 놀랐다.

"네? 여기가 메타 본사였다고요? 저는 대학교 캠퍼스인 줄 알았는데…!"

"경민이 말을 듣고 보니 대학 캠퍼스 느낌이 물씬 나긴 하네. 그렇지만 여긴 메타 플랫폼스 본사가 맞아! 저길 보렴."

안 쌤이 손으로 가리킨 곳에는 커다란 파란색 메타 로고가 자리 잡고 있었다. 그 앞은 로고를 배경으로 사진을 찍으려는 사람들로 북적였다.

"선배, 우리도 저기서 사진 찍어요! 여행 인플루언서로서 인증샷은 필수죠!"

경민이 신나게 로고 앞으로 뛰어가며 외쳤다.

"인플루언서는 아무나 하니! 경민아, 기다려! 같이 가!"

혜민이 웃음을 참으며 경민을 뒤쫓아갔다.

메타의 DNA는 '해커 웨이'?

 "혹시 한국에서 오신 미스터 안, 맞나요?"

그때, 메타의 로고처럼 파란 눈을 가진 한 여성이 안 쌤에게 다가왔다. 안 쌤이 반갑게 웃으며 답했다.

"네, 접니다. 여기는 저의 제자, 혜민과 경민이죠. 오늘 본사 투어를 잘 부탁드립니다."

"반가워요, 여러분. 저는 오늘 여러분께 메타 플랫폼스 구석구석을 안내할 PR 담당 아리야라고 해요. 자, 우선 건물 안으로 들어갈 수 있게 출입증부터 만들죠!"

아리야를 따라 임시 출입증을 만든 경민과 혜민은 무척 들뜬 기분이었다.

"선배, 이 출입증 걸고 있으니까 제가 꼭 메타 직원같지 않아요? 이것도 인스타그램에 업로드 해야겠어요."

경민은 오렌지색 출입증을 들고 연신 셀카를 찍었다. 혜민은 주위를 둘러보다가 궁금한 듯 아리야에게 물었다.

"아까 밖에서 메타 로고 아래에 '1 해커 웨이Hacker Way'라고 쓰

메타 본사 앞 로고

여 있는 걸 봤어요. 그게 무슨 의미인가요?"

아리야가 눈을 반짝이며 대답했다.

"아주 예리한 질문이군요, 혜민. '1 해커 웨이'는 메타 본사의 주소이면서, 메타의 전신인 페이스북의 기업 문화를 상징하는 표현이에요. 두려움 없이 행동하고, 빠르게 실행하는 '해커 웨이' 정신을 담고 있죠.

마크 저커버그 CEO는 '해커라는 단어가 컴퓨터 침입자라는 부정적인 이미지로 알려져 있지만, 원래는 무언가를 재빠르게 만들거나 시험하는 걸 뜻한다'고 말한 적이 있어요. 그러니까

'해커 웨이'는 일종의 사훈 같은 거랍니다. "

혜민이 흥미롭다는 듯 고개를 끄덕이며 말했다.

"저도 초등학생 때 페이스북을 잠시 사용한 적이 있었는데, 어떻게 단시간에 전 세계 사용자들을 모을 수 있었을까 궁금했거든요. 빠른 혁신 정신이 그 비결이었군요!"

"정확해요. 예전에 페이스북 조직 문화 담당 임원이 한 말이 있어요. '해킹은 두려움을 모르는 문화다. 작은 회사일수록 빨리 움직여야 한다. 좋은 아이디어가 있으면 곧바로 실행한다.'

아무리 좋은 아이디어라도 실행하지 않으면 좋은지 나쁜지 알 수 없어요. 설령 형편없는 아이디어라 해도 실행 과정에서 얻

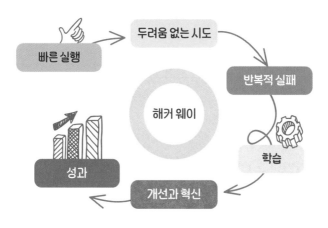

메타의 '해커 웨이' 문화

은 경험들이 쌓여, 언젠가 빛나는 아이디어 탄생에 밑거름이 되는 거예요."

아리야가 설명을 이어갔다.

"혹시 '해커톤Hackathon'이라는 말 들어본 적 있나요?"

잠자코 듣고 있던 경민이 장난스럽게 물었다.

"해커톤? 무슨 새로 생긴 마라톤 대회인가요?"

메타의 해커톤 정신

아리야가 깜짝 놀라며 말했다.

"와우, 경민! 천재구나! 정확해요. 해커톤은 해킹과 마라톤을 합친 말이거든요. 해커 웨이가 사훈이라면, 해커톤은 우리가 일하는 방식이라고 할 수 있죠."

얼떨결에 정답을 맞춘 경민은 신이 나서 말했다.

"후후, 주말에 종종 아버지랑 마라톤에 나가거든요. 제 강철 체력의 비결이랄까요? 그런데 해커톤이 일하는 방식이라면…, 정말 마라톤처럼 쉬지 않고 아주 길게 일한다는 뜻인가요?"

아리야가 자랑스러운 표정으로 설명했다.

"비슷해요. 혹시 저기 투명 회의실 안에 사람들이 보이나요? 저 사람들은 지금 해커톤 중이에요. 직원 한 명이 번뜩이는 아이디어를 내면, 동료 3~5명이 모여 저녁 8시부터 새벽 6시까지 아이디어를 빠르게 발전시키는 거죠.

해커톤 규칙은 간단해요. 아무리 작은 아이디어라도 누구나 의견을 낼 수 있고, 약 한 달 뒤 실제 서비스로 출시합니다. 혜민은 페이스북을 써봤다니 알겠네요. 페이스북의 상징인 '좋아요 Like' 버튼도 바로 이 해커톤을 통해 탄생한 아이디어였어요."

혜민이 감탄하며 말했다.

"제가 아무 생각 없이 눌렀던 '좋아요' 버튼이 이런 방식을 거쳐 만들어진 줄은 몰랐어요. 한국의 끝장 토론이랑 비슷하네요. 엄청난 에너지와 열정이 필요할 것 같아요."

아리야가 뿌듯하다는 듯 답했다.

"이 멋진 회의는 형식과 장소의 제한이 없어요. 파티하듯 모여 피자와 콜라를 나누며 의견을 주고받는 거죠. 저커버그 CEO도 종종 참석한답니다."

"CEO도 자주 온다니 정말 자유롭네요. 근데 피자랑 콜라 얘기하니까 배고파졌어요…."

경민이 꼬르륵 소리가 나는 배를 만지며 말하자 아리야가 크게 웃었다.

"어느새 점심 시간이네요. 그럼 식사부터 하러 갈까요?"

잠깐! 빠른 실행, 자유로운 문화! 해커톤

해커톤은 제한된 시간 안에 아이디어를 빠르게 실현하는 협업 방식입니다. 팀원들이 밤새 아이디어를 구현하고 실험하며, 성공과 실패를 통해 새로운 가치를 발견하죠. 이 과정에서 기존에 없던 서비스나 기능이 탄생하기도 합니다.

진행 과정은 다음과 같아요.

①단계: 아이디어 제안 (직원 A가 새로운 기능 제안)

②단계: 팀 구성 3~5명이 모여서 밤새 논의 및 개발)

③단계: 시제품 (프로토타입) 완성

④단계: 피드백 및 개선

⑤단계: 약 한 달 뒤 실제 서비스로 출시!

'10억 달러' 인수 제안을 거절하다

"이런 회사라면 매일 출근하고 싶어요!"

대형 뷔페를 연상케 하는 엄청난 규모의 식당과 다채로운 메뉴를 보며 경민은 입을 다물지 못했다.

"경민이 너 이러다 메타에 입사 지원서 넣겠다. 자, 모두 아침부터 고생했으니 맛있게 먹자!"

아리야와 함께 식당 한쪽에 자리를 잡은 안 쌤도 덩달아 신이 난 표정으로 말했다. 여러 종류의 빵과 채소, 스크램블 에그, 수프까지 풍성하게 담아온 혜민이 안 쌤 옆에 앉았다.

"아리야는 언제부터 이 회사에서 일했나요? 아까 페이스북 시절 얘기까지 잘 아시던데요."

"음…, 제가 페이스북에 처음 입사한 게 2006년 7월이니까 벌써 20년 가까이 됐네요. 오래되긴 했지만 아직도 첫 출근 날이 생생해요. 입사하자마자 우리 회사가 다른 곳에 인수될 뻔했다는 소식을 듣고 깜짝 놀랐었는데…. 이제 다 옛날 일이 됐죠."

혜민이 놀란 듯 물었다.

"페이스북이 다른 회사에 인수될 뻔했다고요?"

"아, 혜민과 경민은 태어나기 전의 일이라 잘 모를 수도 있겠네요. 제가 입사한 해인 2006년에 마크 저커버그에게 거부하기 어려운 제안이 들어왔어요. 인터넷 포털 '야후'가 페이스북을 10억 달러우리 돈 약 1조 4,000억 원에 사겠다고 제안한 거예요. 페이스북이 설립되고 2년 5개월 만이었죠.

경민이라면 자신이 창업한 기업을 1조 원이 넘는 가격에 팔 수 있는 기회가 왔을 때 거절할 수 있겠어요?"

경민은 0.1초의 망설임도 없이 답했다.

"1조 원이요? 무조건 팔아야죠! 고민할 것도 없어요!"

아리야가 호탕하게 웃었다.

"하하! 사실 저도 그렇게 생각했어요. '당연히 인수 제안을 승낙하겠구나'하고 회의에 들어갔죠. 그런데 저커버그 CEO는 달랐어요. 회의실에 들어오자마자 '오늘 회의는 형식적인 겁니다. 10분도 안 걸려요. 저는 못 팝니다'라고 선언했어요."

가만히 듣던 안 쌤이 말을 보탰다.

> **야후(Yahoo!)**는 는 1994년에 설립된 미국의 대표적인 인터넷 서비스 회사로, 한때 전 세계 인터넷 포털 시장을 주도했던 기업입니다.
> 검색 엔진, 이메일, 뉴스, 금융 정보, 온라인 광고 등 인터넷 기반의 다양한 서비스를 제공하며 1990~2000년대 초반 전성기를 누렸습니다.

"더 놀라운 건 그때 저커버그의 나이가 스물두 살이었다는 거야. 당시에 기사로 접하고, 나도 깜짝 놀랐던 기억이 있구나.

저커버그가 그렇게 결단할 수 있었던 배경에도 '해커 정신'이 있었을 거야. 실제로 IT 업계 사람들은 '저커버그는 자신을 해커로 생각한다'고 평가하곤 해."

아리야도 고개를 끄덕였다.

"역시 미스터 안은 잘 알고 있네요. 그 뒤로 저커버그는 자신의 선택이 옳았음을 차근차근 증명해 나갔어요. 우선 이듬해인 2007년에 마이크로소프트가 페이스북의 지분 1.6퍼센트에 이르는 2억 4,000만 달러를 투자하며 화제를 모았고요.

2008년 말부터는 당시 세계 최대의 SNS 사이트였던 '마이스페이스'를 넘어 SNS 분야의 선두 주자가 되었죠. 2009년 9월에는 가입자 수가 3억 명을 돌파했고, 2016년쯤에는 15억 명이라는 어마어마한 가입자 수를 확보했어요."

"페이스북에 이런 뒷이야기가 있는 줄은 몰랐어요. 저커버그 CEO의 비전도 대단하고, 그 여정을 함께한 아리야도 존경스럽네요."

가입자수

18억 명
16억 명
14억 명
12억 명
10억 명
8억 명
6억 명
4억 명
2억 명

15억 명 돌파

10억 명 돌파

3억 명 돌파

가입자 수 1억 명 돌파

2004년　2006년　2008년　2010년　2012년　2014년　2016년

10억 달러 인수를 포기한 후 페이스북의 성장

혜민의 말에, 아리야가 미소 지으며 답했다.

"멋진 비전을 가진 리더를 만난 덕분이죠. 자, 다들 식사를 마친 것 같으니 다시 투어를 시작해 볼까요?"

페이스북은 왜 인스타그램을 샀을까

"저기는 뭔가요, 아리야? 왠지 오락실처럼 생겼는데, 설마 회사 안에 오락실이 있는 건 아니겠죠?"

메타 본사 안을 둘러보던 경민이 자신도 모르게 그곳으로 발걸음을 옮기며 물었다.

"경민, 눈썰미 좋네요. 맞아요, 여긴 직원들이 스트레스를 풀고 창의적인 아이디어를 떠올릴 수 있도록 도와주는 오락 공간이에요. 게임을 좋아한다면 잠깐 들러 볼래요?"

경민은 그 말을 듣자마자 쏜살같이 오락실로 달려가 자리를 잡았다.

"쌤, 혜민 선배! 저 결심했어요. 나중에 꼭 메타에 입사할 거예요. 말리지 마세요!"

안 쌤이 크게 웃으며 말했다.

"그래! 안 말린다, 안 말려. 내가 봤을 땐 종일 게임만 하다 금방 쫓겨날 것 같지만. 그나저나, 그러고 있으니까 진짜 메타 직원 같은걸. 쌤이 인스타그램에 올릴 사진 좀 찍어줄까?"

"너무 좋죠, 쌤! 자연스럽게 부탁드려요!"

경민이 게임에 몰두하는 동안, 게임에 별 관심이 없는 혜민은 신기한 듯 경민을 바라보며 말했다.

"경민이는 게임도, 인스타도 정말 진심이네요. 그러고 보니 예전엔 페이스북을 많이 썼는데, 이제 대부분 인스타그램을 쓰잖아요. 페이스북이 인스타그램을 인수한 건 진짜 신의 한 수였던 것 같아요.

아리야는 페이스북이 인스타그램을 인수하는 과정도 전부 함께하셨죠? 인스타그램이 이렇게 전 세계적으로 사랑받는 SNS가 될 거란 걸 어떻게 아셨던 거예요?"

아리야는 잠시 지난날을 떠올리더니 미소를 지었다.

"처음부터 모두가 인스타그램 인수에 찬성한 건 아니었어요. 2012년에 페이스북이 인스타그램을 인수했을 때, 인스타그램은 지금처럼 사용자가 많지도 않았고 광고 수익도 전혀 없었거든요. 그때 인스타그램 이용자가 3천만 명 정도였을 걸요? 그런데도

인수합병(M&A)은 한 기업이 다른 기업의 지분이나 자산을 구매해 경영권을 확보하는 것입니다. 새로운 시장에 진입하거나 경쟁력을 강화하기 위한 전략으로 사용됩니다. 인수합병은 단순한 자산 거래를 넘어, 기술, 브랜드, 인재를 포함한 기업 전체를 통합하며, 현대 경영 전략에서 중요한 역할을 합니다.

페이스북이 10억 달러우리 돈 약 1조 4천억 원를 지불한다고 하니 내부에서도 말이 많았죠."

혜민이 고개를 끄덕이며 공감했다.

"2012년이면 페이스북이 한창 잘나가던 시기였다고 들었어요. 굳이 10억 달러를 들여 인스타그램을 인수하겠다고 했을 때 반대가 나올 법도 하네요."

"맞아요. 당시 업계에서는 인스타그램의 기업가치를 5억 달러 정도로 추정했어요. 그런데 페이스북은 2배나 되는 10억 달러를 내기로 한 거죠. 페이스북이 그때까지 사들인 회사 중 가장 비싼 가격이었어요."

혜민은 궁금함을 참을 수 없었다.

"그렇다면 인스타그램을 꼭 사들여야 할 이유가 있었겠네요? 그게 뭐였나요?"

"페이스북의 미래 전략과 인스타그램 특성이 딱 들어맞았기 때문이에요. 페이스북은 웹 중심의 SNS였는데, 모바일 앱은 느리고 복잡하다는 평이 많았어요. 모바일 시대에 적응하기 위해서는 모바일에 특화된, 단순하고 감각적인 서비스가 필요했죠.

인스타그램은 바로 그런 서비스였고, 심지어 이용자 수가 빠르게 늘면서 페이스북의 영역까지 침범하고 있었어요. 그래서 규모가 더 커지기 전에 인수하기로 결정한 거예요."

경민의 사진을 찍어주던 안 쌤이 대화에 끼어들었다.

"페이스북이 인스타그램을 인수한 건 마치 구글이 2006년 유튜브를 인수한 것과 비슷해. 유튜브를 인수한 덕분에 구글은 웹 동영상 시장에서 우위를 점할 수 있었잖니. 페이스북도 시장 가치의 두 배를 주고서라도 인스타그램이 다른 경쟁자의 손에 넘어가는 것만은 막고 싶었을 거야.

만약 인스타그램이 구글이나 마이크로소프트 같은 경쟁사에 인수됐다면 어땠을까? 잘은 몰라도 지금의 메타 플랫폼스가 되긴 어렵지 않았을까?"

아리야가 고개를 끄덕였다.

"정확해요, 미스터 안. 저 역시 당시에 발 빠르게 인스타그램을 사들이고 페이스북과 연동시킨 덕분에 우리 회사가 압도적인 SNS계의 강자가 될 수 있었다고 생각해요.

10억 달러라는 금액도 당시엔 터무니없이 높은 가격이란 말들이 많았지만, 고작 6~7년 사이에 인스타그램의 기업가치는 1,000억 달러가 넘었죠. 무려 100배나 커진 셈이에요."

'페이스북'에서 '메타 플랫폼스'로 거듭나다

"오락실은 충분히 둘러봤으니 다음 장소로 이동해 볼까요?"

아리야의 안내에 따라 경민과 혜민 그리고 안 쌤은 메타 본사 이곳저곳을 탐방했다. 한참을 구경하며 걷다 보니, 어느새 아리야와 처음 인사를 나눴던 곳에 도착했다. 커다란 메타 로고 앞이었다.

"그런데 왜 회사 이름을 페이스북에서 메타로 바꾼 거예요?"

로고를 물끄러미 보던 혜민이 호기심 어린 목소리로 물었다.

"더 넓은 분야로 사업을 확장하기 위해서랍니다. 페이스북은 상징적인 소셜미디어 브랜드였지만, 점점 우리가 하는 모든 일을 대표하기 어렵게 됐어요. 저커버그는 우리가 사람들을 연결하는 기술을 구축하는 회사가 되길 바랐죠. 결국 고민 끝에 사명을 '메타META'로 바꿨답니다."

혜민이 골똘히 생각하며 말했다.

"그러고 보니 예전에 책에서 메타가 그리스어로 '저 너머beyond'를 의미하는 단어라는 걸 본 적이 있는 것 같아요. 그래서 무한대를 뜻하는 수학 기호(∞)를 로고로 삼은 건가요?"

아리야가 감탄하며 대답했다.

"정확해요, 혜민. 그리스어 어원까지 정말 모르는 게 없군요. 나중에 우리 회사로 데려오고 싶은 인재네요.

메타버스라는 개념은 단순히 게임이나 이벤트에 그치지 않아요. 증강현실과 가상현실 기술을 활용해 현실 세계를 확장하거나, 완전히 새로운 디지털 공간에서 교류할 수 있어요. 사람들이 시공간 제약 없이 함께 일하고, 놀고, 학습하는 '또 하나의 세계'가 바로 메타버스죠.

바로 그런 의미에서 우리는 메타버스라는 개념을 주도하며, 현실과 가상의 경계를 허물기 위한 시도를 계속하고 있어요. 이를 위해 가상현실VR 헤드셋은 물론, 좀 더 가벼운 증강현실AR 안경 형태로 '확장 현실'을 일상에 스며들게 하기 위해 연구 중이랍니다. 저 너머의 세상, 즉 메타버스를 일상에 더 깊이 결합시키기 위해서요. 아직 기술적으로 넘어야 할 산이 많지만, 이를 AI 등과 결합해 진짜 '새로운 시대'를 열어 보려고 해요."

그때 안 쌤이 시계를 보며 말했다.

"이야기하다 보니 벌써 투어 시간이 다 됐네. 인스타그램이나 페이스북을 그냥 쓰기만 하다가, 오늘은 그 뒤의 이야기를 많이

증강현실(AR)	가상현실(VR)
실제 눈으로 보는 현실 세계에 디지털 정보를 덧씌우는 기술	현실과 다른 디지털 세계 안에 들어가는 기술
예시) 스마트폰 카메라로 거실을 비추면, 그 화면 위에 가상의 가구나 캐릭터가 나타나 마치 진짜 공간에 있는 것처럼 보인다. / 포켓몬 고 게임	예시) VR헤드셋을 착용하면 360도로 둘러볼 수 있는 가상의 공간이 펼쳐져서 가상의 놀이공원을 걷거나 바닷속을 헤엄치는 등의 체험을 할 수 있다.

증강현실과 가상현실, 무엇이 다른 걸까?

알게 되었지? 아리야에게 고맙다고 인사하고, 우리 이제 호텔로 돌아가 짐 정리한 후 공항으로 가자. 저녁은 다음 도착지인 시애 틀에서 먹는 거다."

안 쌤은 만족스러운 듯 미소를 지었다.

메타의 미래 수업

마크 저커버그 Mark Zuckerberg
페이스북의 창립자이자, 현 메타 CEO

혜민　안녕하세요, CEO님. 아무래도 이 모든 사업의 시작인 페이스북에 대해 먼저 물어보지 않을 수 없는데요. 페이스북의 초창기 모델이 '페이스매시'였다고 들었어요. 어떤 계기로 만든 건가요?

마크　음, 그 이야기를 하려면 20년 전으로 돌아가야겠군요. 2004년 2월이었을 거예요. 시작은 하버드 대학교 기숙사의 작은 방구석이었어요.

사람들은 내가 페이스북을 만든 이유를 엘리트 클럽과 이

〈마크 저커버그 하버드 졸업 축사〉 QR을 스캔하면, 저커버그가 함께 만들어 가고 있는 세상에 대해 배운 것을 이야기한 하버드 대학교 졸업 축사로 이어집니다.

성에 대한 콤플렉스 때문이라고 떠들곤 해요. 그들은 누군가가 그냥 그런 걸 만드는 일 자체를 좋아한다는 사실을 받아들이지 못하는 것 같아요. 물론 여학생 사진을 올리고 외모를 평가했던 방식은 비난받을 부분이 있다고 생각합니다. 다만 제가 당시에 '페이스매시'를 만들면서 주목했던 건 '사람들이 특정한 관계에 의한 연결망을 형성하는 데 열광한다'는 사실이었어요.

혜민 그렇군요. 결과적으로 '사람들이 학교라는 특정한 관계망을 통해 서로에게 호기심을 보이고 즐기는 것'에 주목하신 거죠?

마크 맞아요. 당시에도 사진을 올리는 사이트는 이미 많았지만, 같은 학교 학생이라는 '관계'가 접속 폭주를 불러올 정도의 흥미를 자극한 거죠. 이 경험은 이후 페이스북을 만들 때 실명, 나이, 얼굴을 공개하는 방식을 택한 중요한 이유가 됐습니다. '사람을 중심에 둔 연결'이 핵심이라는 걸 깨달았거든요.

혜민 누군가는 그저 깜짝 해프닝 정도로 치부할 수 있는 부분을 사업 아이디어로 연결시켰군요. 이후 페이스북은 하버드를 넘어 다른 명문대 그리고 고등학교까지 빠르게 확장되었다고 들었어요.

마크 그렇습니다. 하버드에서 출발한 페이스북은 프린스턴, 예일, 브라운, 콜럼비아 같은 명문 사립대는 물론, MIT나 스탠퍼드, 버클리 같은 서부 명문대까지 잇달아 연결했고, 결국 고등학교까지 확장됐어요. 두 달 만에 3만 명, 6개월 뒤엔 20만 명이 가입했죠. 엄청난 성장 속도에 저도 어안이 벙벙했어요. 창업자에서 순식간에 기업 경영자로 변신한 저는 페이스북을 더 정교하게 다듬어, 순식간에 100만 명의 가입자를 모았습니다.

경민 우와, 정말 대단한 성장 속도네요! 직원도 엄청나게 뽑아야 했을 것 같아요. 그렇다면 페이스북, 그러니까 메타에서 함께 일할 직원을 뽑을 때 기준이 있나요?

마크 저는 사람을 뽑을 때 '만약 그 사람 아래에서 일할 수 있다면, 그를 고용하라'고 말해요. '그 사람을 위해서 일할 수 있겠다'는 생각이 들 정도라면 같이 일할 수 있는 파트너로서 자격이 충분하다고 생각합니다.

페이스북, 그리고 지금의 메타가 추구하는 건 결국 '사람과 사람 사이의 소통'입니다. 즉, 사람을 중심에 놓는 비즈니스인 거죠. 어떤 사람들은 '사람들의 마음을 잘 읽고, 호기심이나 본능을 살짝 자극하기만 해도 먹히는, 비교적 쉬운 사업이 가능한 분야'라고 생각할 수도 있어요. 하지만 저는 늘 사람이 수단이 아닌 목표점이 되어야 한다고 강조합니다.

경민 제가 요즘 메타의 채용 방식에 엄청 관심이 있거든요. 미래를 대비할 겸…. 그나저나 독특한 면접 방식이 있다고 들었는데, '산책 면접'이 유명하더라고요?

마크 아, 그 이야긴가요? 〈뉴욕타임스〉 보도로 화제가 됐죠. 모든 직원을 그렇게 뽑는 건 아니지만, 가끔은 제가 직접 이메일을 보내 산책을 제안하곤 해요. 넓은 정원을 걸으며 준비된 답변이 아닌 '그 사람의 본성'을 보고 싶거든요. 어떤 생각과 철학을 갖고 있는지, 자연스럽게 드러나는 대화를 통해 파악할 수 있습니다. 비즈니스는 결국 '인간 관계'라고 믿으니까요. 때로는 꾸밈없이 단순한 것이 깊이 있는 통찰로 이어질 수 있습니다. 면접도 마찬가지예요.

혜민 매일 똑같은 회색 티셔츠를 입으시는 이유도 그런 철학 때문인가요?

마크 네, 저는 단순하게 살려고 노력해요. 모든 의사결정을 최소화하려 하죠. 대부분의 사람들은 오늘 무슨 옷을 입을지, 아침에 뭘 먹을지 등 사소한 의사결정들 때문에 피로해진다고 생각해요. 쓸모없는 에너지를 소모하면 정작 중요한 일에 집중할 수가 없죠.

지금의 저는 행운아예요. 매일 10억 명이 넘는, 페이스북과 인스타그램 등에 연결된 사람들을 위한 일들에 도움을 제공하기 때문인데요. 그런 제가 조금이라도 제 에너지를 사소한 개인사나 철없는 짓에 낭비한다면 스스로가 해야 할 일에 최선을 다하지 않는 것이라고 생각해요. 생전의 스티브 잡스도 그랬고, 버락 오바마 대통령도 똑같은 이유로 매일 무엇을 입을지 결정하지 않는다고 했었죠.

경민 앞으로 메타는 어떤 미래를 꿈꾸고 있나요? 페이스북에서 메타로 사명을 바꾼 뒤엔 어떤 계획이 있는지 궁금해요.

마크 메타는 단순한 SNS 회사가 아니라 '사람들을 연결하고, 새로운 경험을 제공하는 기술 기업'이 되길 원합니다. AR과 VR, 그리고 이제는 AI 분야에 집중하고 있어요. 비록 AR

과 VR 사업이 기대만큼 성과를 내지는 못했지만, AI를 통해 우리가 꿈꾸는 '저 너머meta', 즉 더 깊은 연결과 풍부한 디지털 경험을 제공하려 합니다. 미래에는 현실과 가상의 경계가 더욱 희미해지고, 사람들이 서로 다른 장소와 문화 속에서도 자유롭게 소통하고 협력할 수 있는 세상이 올 거예요. 메타는 그 흐름을 이끌며, 인간 중심의 기술을 발전시키는 데 힘쓰고 있습니다.

혜민 정말 흥미롭네요. 사람이 중심에 있고, 기술이 그 사람들을 더 가깝게 연결하는 미래라니, 정말 기대돼요!

메타는 '해커 웨이Hacker Way'라는 정신과 '저 너머beyond'를 의미하는 '메타Meta'라는 이름을 통해 끊임없는 혁신과 확장을 강조하고 있습니다. ▶ 새로운 기술과 플랫폼을 넘어 더 큰 가능성을 향해 나아가는 메타의 비전은 인류가 경험하는 '관계'와 '소통'을 어떻게 바꿀 수 있을까요?

메타는 페이스북과 인스타그램 등을 통해 사람들을 연결하고, 다양한 콘텐츠를 공유하는 SNS를 주도해 왔습니다. ▶ SNS는 전 세계를 하나로 묶어주지만, 동시에 가짜 뉴스, 사생활 침해, 온라인 따돌림과 같은 문제도 키울 수 있습니다. 더 나은 온라인 소통 문화를 만들기 위해 개인과 사회는 SNS를 어떻게 활용하고 규제해야 할까요?

메타는 사용자 정보를 기반으로 사람들을 연결하고, 취향을 파악해 맞춤형 콘텐츠를 제공하는 기술을 발전시키고 있습니다. 이는 편리함과 재미를 주지만, 동시에 개인 정보 보호, 이용자 권리, 플랫폼 독점 등의 윤리적 문제를 일으킬 수도 있습니다. ▶ 사용자 정보를 활용하는 과정에서 지켜야 할 윤리 기준은 무엇일까요? 개인 정보 보호와 서비스 혁신 사이에서 균형을 맞추는 방안은 무엇일까요?

인스타그램의 사례에서 보듯, 메타는 미래를 내다본 투자로 막대한 수익을 창출했습니다. 그러나 모든 투자가 성공적일 수는 없고, 기대만큼 성과가 나지 않는 사례도 존재합니다. ▶ '미래 가치'에 주목하는 기업 투자에서 투자자들은 무엇을 고려해야 할까요? 잠재력을 가진 기술 및 서비스를 평가하는 기준에 대해 생각해 보세요.

06

시애틀의
잠 못 이루는 밤,
새로운 아마존을 밝히다

아마존의 도시, 시애틀로 가다

"쌤, 저 이제 완전 비행기 마스터예요! 미국에 와서 비행기를 몇 번 탔는지 몰라요. 이제 기차만큼 편해졌고, 아까 비행기에서 승무원들이랑 스몰토크까지 했어요!"

늦은 저녁 시간, 시애틀 터코마 국제공항을 나서는 길에 경민이 우쭐해하며 자랑했다. 처음 미국에 올 때 긴장하던 모습은 온 데간데 없었다.

"경민이 너 이 녀석, 처음엔 입국 수속하기 전부터 벌벌 떨더니 그새 많이 컸네. 열심히 데리고 다닌 보람이 있는걸? 좋아! 경민이까지 제대로 미국에 적응한 것 같으니 시애틀에서도 부지런히 다녀보자. 마침 우리가 예약한 우버가 도착했네. 다들 짐 싣고 어서 타렴."

안 쌤의 말에 혜민과 경민은 재빨리 우버에 올라탔다. 시애틀 중심부로 들어서자 고층 빌딩들이 즐비하고, 거리의 사람들이

시애틀은 여러분도 잘 아는 스타벅스가 시작된 곳이에요. 지금도 스타벅스 1호점이 이곳에 있어요. 한편, 이번 장의 제목과도 연관 있는 유명한 영화의 배경이기도 한데요. 바로 〈시애틀의 잠 못 이루는 밤〉이라는 영화입니다. 시애틀의 아름다움이 영화 내내 펼쳐진답니다.

저마다 분주하게 움직이는 것이 보였다.

바로 그때 경민의 입을 딱 벌어지게 하는 건물이 나타났다.

"쌤! 저 건물 좀 보세요. 엄청 특이하게 생겼어요. 은색 축구공 같기도 하고, 비눗방울 같기도 하고…. 대체 뭐죠?"

혜민이 고개를 절레절레 흔들며 살짝 한숨을 쉬었다.

"경민아, 시애틀에 온다고 했음 미리 조사를 좀 하지 그랬니? 저건 우리가 내일 탐방할 아마존의 '더 스피어스The Spheres'야."

시애틀의 아마존 본사 앞, '베이조스의 공'으로도 불리는 '더 스피어스'

안 쌤이 허허 웃으며 경민을 칭찬 섞인 농담으로 달랬다.

"경민이가 사전 조사는 부족해도 눈썰미만큼은 최고네. 시애틀 도심에 있는 수많은 건물 중에서 바로 '더 스피어스'를 짚어 내다니! 저 건물은 아마존이 무려 7년간 40억 달러를 투자해 만든 야심작이야. 밖에서는 잘 안 보이겠지만, 안에 들어가면 도심 속 열대우림을 만날 수 있지.

아마존을 만든 제프 베이조스의 성姓을 따 '베이조스의 공들Bezos's Balls'이라고도 불린단다. 오늘은 푹 쉬고 내일 아침 일찍 가 볼 거야."

식물로 가득 찬 혁신 공간은 처음이야

다음 날 아침, 일행은 호텔 앞에서 버스를 타고 전날 스쳐 지나갔던 '더 스피어스' 앞에 도착했다. 가까이서 본 거대한 유리돔은 마치 초대형 온실 같은 분위기를 뿜어냈다.

"우리나라 아파트 12층 높이라고 하더니, 직접 보니 진짜 엄청나네요! 어서 안에 들어가 봐요!"

호기심에 가득 찬 혜민이 먼저 나섰다. 평소 꼼꼼히 사전조사를 하던 혜민은 이 순간을 기다려온 듯 설렘을 감추지 못했다.

"너희를 위해 2주 전에 미리 예약해 놨지."

안 쌤이 흐뭇한 얼굴로 말했다.

"아마존 직원의 지인들은 규정에 따라 지인과 함께 평일에도 들어갈 수 있지만, 일반 관광객은 한 달에 두 번, 토요일에만 사전 예약을 통해 방문이 가능하단다. 자, 다들 여권 꺼내렴."

입구에 들어서자 밝은 미소를 지으며, 한 직원이 다가왔다.

"더 스피어스에 오신 걸 환영합니다. 저는 오늘 아마존 캠퍼스 투어를 담당할 제이콥입니다. 오전 10시에 예약하셨죠? 여권 좀 보여 주시겠어요?"

세 사람의 여권을 확인한 제이콥은 방문자용 카드를 나눠 주며 손목을 내밀라고 했다. 어리둥절한 경민이 머뭇거리는 사이, 혜민은 기다렸다는 듯 오른팔을 쭉 뻗었다.

"이 스탬프! 꼭 받고 싶었어요!"

혜민은 스탬프가 찍힌 손목을 보며 싱글벙글했다. 스피어스의 모양을 닮은 귀여운 도장이 손목에 새겨졌다.

경민은 주변을 두리번거리며 감탄했다.

"아니, 여기 회사 맞아요? 이 정도면 식물원이라고 해도 믿겠는걸요?"

제이콥이 웃으며 대답했다.

"아마존이라는 이름에 딱 어울리죠? 실제로 남미를 비롯해 전 세계에서 공수해 온 400여 종, 4만 그루 이상의 식물이 이곳에서 자라고 있답니다."

"이 많은 식물들을 아름다운 상태로 가꾸는 건 보통 일이 아니겠는데요?"

혜민이 호기심 가득한 목소리로 물었다.

"맞아요. 그래서 이곳의 온도는 평균 20도에서 23.5도를 유지하고, 습도는 60~65퍼센트 수준으로 맞추고 있답니다. 일반적인 사무실 환경과는 약간 차이가 있죠. 더불어 식물 전체에 물을 주는 시스템도 작동되고 있어요.

잘 보시면 나무로 된 회의실부터 작은 강, 폭포처럼 열대 우림을 재현한 공간들이 이곳저곳에 숨어 있답니다. 이쯤 되면 정말 아마존이라고 불러도 손색이 없겠죠?"

안 쌤이 고개를 끄덕였다.

"딱딱한 사무실에서 일하다가 이렇게 자연과 함께 어우러진

아마존 스피어스 내부 컨퍼런스 룸

공간에 오면 훨씬 더 창의적이고 혁신적인 아이디어가 나올 수밖에 없겠어요. 사실 유리 돔이라 안쪽까지 햇살이 강하지 않을까 싶었는데, 전혀 그렇지 않은 게 신기하네요."

　"저도 처음에 유리 돔 형태로 공간을 짓는다고 해서 똑같은 걱정을 했는데요. 이색적인 건물 구조와 식물 군집이 만들어내는 그림자가 풍부해서 아무리 햇빛이 쨍쨍한 날이라도 눈부심 없이 업무를 볼 수 있더라고요. 확실히 일반적인 사무실보다 식물로 가득 찬 환경에서 일하니 생산성은 높아지고 스트레스 지수는 낮아지는 것 같아요. 자, 그럼 다들 이쪽으로 오시죠!"

아마존의 시작은 소박한 온라인 서점

제이콥과 일행은 '더 스피어스' 안을 천천히 걷고 있었다. 식물들 사이로 스며드는 부드러운 햇살과 독특한 공기 내음이 마치 정글 속에 온 듯한 기분을 자아냈다. 그때, 제이콥이 의미심장한 미소를 지으며 말을 꺼냈다.

"여러분께 퀴즈 하나를 낼게요! 아마존의 창립자가 제프 베이조스라는 건 알고 있죠? 그렇다면 그가 처음에 생각한 회사 이름이 무엇이었을까요? 힌트를 드리자면, 마법 주문 같은 이름이었어요. 비슷하게라도 맞추면 투어 끝나고 멋진 선물을 드리죠!"

'멋진 선물'이라는 말에 경민의 눈이 반짝였다.

"저요! 수리수리 마수리? 윙가르디움 레비오사? 도대체 뭐죠?! 제가 꼭 맞추고 싶은데…."

어느 때보다 적극적인 경민을 가만히 지켜보던 안 쌤이 경민에게 귓속말로 속삭였다.

"아브라카다브라."

경민은 다시 손을 번쩍 들고 외쳤다.

"아브라카다브라!"

제이콥이 박수를 치며 말했다.

"정답! 경민, 제법이군요. 제프 베이조스는 고객들의 주문이 마술처럼 쏟아지길 바라는 마음으로 '아브라카다브라'에서 딴 '카다브라Cadabra'라는 이름을 생각했었어요. 하지만 친구가 그 이름을 '카다버Cadaver, 시체'로 잘못 듣는 바람에, 다행스럽게도(웃음) 다른 이름을 고민하게 됐죠. 그다음 생각한 이름은 '끈질김Relentless'이었는데, 이것도 주변의 반대로 포기했답니다.

그러던 어느 날 영어사전을 A부터 한 장씩 넘기던 베이조스는 아마존이란 단어를 발견하고 강렬한 감정을 느꼈다고 해요."

"대체 왜요?"

경민은 에버랜드에서 탔던 아마존 익스프레스를 떠올리곤 의아해하며 물었다. 안 쌤이 그 생각을 알아차린 듯 말했다.

"여기서 아마존은 남아메리카에 있는 열대우림 지역을 말하는 거야. 특히 아마존 강은 세계에서 두 번째로 길고, 수량이 가장 풍부한 강이지."

안 쌤의 설명을 받아, 제이콥이 이야기를 이어갔다.

"아마존은 지구의 허파로도 불리는 곳이죠. 아마존 강은 세계

담수의 20퍼센트를 공급하고요. 어마어마하죠? 바로 그런 의미에서, 향후 경쟁사를 압도하겠다는 뜻을 담아 아마존이란 이름을 선택했던 겁니다. 그리고 'Amazon'에서 'a'와 'z'를 연결해 '시작부터 끝까지, 이 세상 모든 것을 포함'한다는 의미를 로고에도 녹여냈답니다. 옆 페이지 하단 로고 참고"

혜민이 감탄하며 말했다.

"아마존이란 이름에 그런 뜻이 담겨있는 줄은 몰랐어요. 제프 베이조스의 깊은 고민과 철학이 담겨있는 이름이었네요.

그런데 아마존이 처음부터 지금과 같이 모든 물건들을 팔았던 건 아니라고 들었어요. 처음엔 서적을 판매하는 사이트로 시작했다고 하던데 맞나요?"

"아마 혜민이 세상에 태어나기도 훨씬 전의 이야기일 텐데 아주 잘 알고 있군요. 1994년에 제프 베이조스는 뉴욕 월가에서 잘나가던 금융인이었지만, 그 생활을 접고 시애틀로 왔답니다. 그의 첫 사무실은 차고였죠.

그가 창창한 금융인의 길을 과감히 버리고 새로운 도전을 시

〈제프 베조스: 당신이 알아야 할 인물〉 QR을 스캔하면, 제프 베이조스의 생애에 대한 영상으로 이어집니다.

작한 건 우연히 읽게 된 기사 때문이었다고 합니다. '앞으로 매
년 인터넷 이용자가 23배씩 급증할 것'이라는 기사였죠. 베이조
스는 기하급수적으로 증가하는 인터넷 사용자를 상대로 '무엇
인가'를 해야겠다고 결심했고, 과감히 실행에 옮긴 겁니다."

경민이 말했다.

"앞으로는 저도 신문기사를 열심히 살펴보겠습니다! 베이조
스 같이 기회를 찾을지도 모르니까요. 머지않아 CEO를 꿈꾸는
학생으로서…."

기사 제목

오늘 눈에 띈 기사는?

결단과 실행

월가 → 시애틀로

이유 :

인터넷 상거래
초기 모델이
오늘날의
아마존이 되다

기회 발견

90년대 인터넷의
폭발적 증가를 예측한
기사를 읽다

amazon

베이조스, 신문에서 미래의 기회를 발견하다 : 어쩌면 나도?!

그런데 왜 책부터 팔았을까?

경민의 말이 채 끝나기도 전에 혜민이 물었다.

"이해했어요. 인터넷의 무궁무진한 잠재력을 알아보고 사업으로 연결시킨 것이었군요. 그런데 왜 책을 파는 것부터 시작했는지 아직도 궁금해요. 다른 많은 물건이 있는데, 왜 하필 책이었나요?"

제이콥은 혜민의 질문에 빙그레 미소를 지었다.

"아주 좋은 질문이에요. 처음에 베이조스도 인터넷을 통해 팔 수 있는 물품에 대해 깊은 고민을 했어요. 가장 중점을 둔 부분은 '제품이 균일해야 하고, 재고와 배송에 문제가 없어야 한다'는 점이었다고 합니다. 그런 면에서 서적은 아주 좋은 아이템이었죠.

그런데, 당시만 하더라도 책은 직접 서점에 가서 사는 것이 너무나 당연하게 여겨지고 있었어요. 인터넷에서 책을 파는 건 아무도 시도하지 않은 새로운 길이었죠. '인터넷으로 책을 판다'는 그의 시도는 신선했지만 성공 가능성을 쉽게 점칠 수 없었고요. 아무도 가지 않은 길이었으니까요."

"그럼 처음부터 잘 팔렸나요?"

경민이 궁금해하며 물었다.

"물론 시작부터 주문이 쏟아진 건 아니었어요. 초기에 아마존은 주문이 들어올 때마다 벨이 울리도록 했는데요. 처음에는 거의 울리지 않았던 벨 소리가 몇 개월 후 시끄러워서 일을 못 할 정도로 울려댔죠. 결과적으로 아마존은 대성공이었어요!"

안 쌤도 추억을 떠올리며 말했다.

"아마존이 처음 세상에 등장했을 때 정말 혁신적이었지. '인터넷 서점'이라는 개념 자체가 신선했어. 아마존에는 세상 모든 책이 있다는 이미지가 생겼거든.

또 인터넷 회사인만큼 소프트웨어를 기가 막히게 활용했어. 예컨대 고객이 어떤 책을 주문하면 아마존이 자체 컴퓨터 프로그램으로 이를 빠르게 찾아내 출판사와 아마존 창고를 거쳐 고객에게 배송을 해 주는 시스템이었지. 당시로선 놀라울 만큼 획기적인 방식이었단다.

덕분에 1996년 아마존닷컴은 〈월스트리트저널〉 1면 특집의 주인공이 될 만큼 세상의 주목을 받았단다. 참, 그러고 보니 나도 2000년쯤 아마존에서 책을 처음 사봤는데, 집에서 클릭 몇 번으로 외국 서적을 살 수 있다는 게 정말 신기했던 기억이 있구나!"

인터넷 상거래의 등장과 변화

1990년대는 '인터넷'이라는 새로운 세계가 모습을 드러낸 시기였어요. 그전까지만 해도 쇼핑을 할 때는 집 근처 가게나 백화점에 가는 것이 당연했죠. 하지만 인터넷이 퍼져나가면서 "집에서 컴퓨터로 상품을 살 수 있다면?"이라는 상상이 현실이 되기 시작했답니다.

이른바 '전자상거래(E-commerce)' 시대가 열린 것이었습니다.

처음에는 많은 사람이 "인터넷으로 물건을 산다고?"라며 고개를 갸웃거렸어요. 만져볼 수도 없고, 직접 비교하기도 힘들어 보였거든요. 그런데 의외로 아마존의 '인터넷 서점'이라는 새로운 시도가 호기심을 자극했고, 편리하다는 사실을 알게 되자 빠르게 퍼져나갔답니다.

아마존은 이 흐름의 대표적인 성공 사례랍니다. 처음에 단순히 책만 팔던 아마존은 "인터넷이라는 바다에서 원하는 책을 어디서든 살 수 있다"는 메시지를 전하며 주목을 받았습니다. 이후 책뿐 아니라 음악 CD, 영화 DVD, 전자제품, 옷, 장난감, 식료품까지 품목을 넓히며 사실상 '모든 것을 파는 온라인 상점'으로 발전했죠. 인터넷 속 상점은 영업시간 제한 없이 24시간 문을 연 상태로, 전 세계 어디로든 배송할 수 있었습니다.

이런 변화는 단순히 '어디서 물건을 사느냐'의 문제가 아니라, 우리의 소비 문화와 생활 패턴 자체를 바꿔놓았어요. 더 이상 특정 시간이나 장소에 구애받지 않고, 손쉽게 다양한 상품 정보를 비교하고 선택하는 것이 가능해진 거죠. 심지어 스마트폰이 보급되면서, 이 모든 과정이 주머니 속 작은 기기에서 이루어지는 시대가 열렸습니다.

초창기 아마존의 모습은 "인터넷을 통한 상거래"라는 낯선 환경에 어떻게 기업이 혁신적으로 대응했는지 보여주는 대표적 예입니다. 그리고 그 흐름이 계속 이어져, 오늘날 우리가 전 세계 어느 곳의 상품이든 클릭 한 번으로 집 앞에서 받아볼 수 있는 혜택을 누리게 되었답니다.

지구상에서 가장 고객 중심적인 회사

제이콥과 세 사람은 아마존의 역사를 되짚으며 더 스피어스를 계속 둘러보았다. 이국적인 식물과 자연 친화적인 분위기에 푹 빠져 있던 중, 경민의 눈길을 사로잡은 곳이 있었으니 바로 카페테리아였다.

"제이콥, 이야기를 너무 열심히 들었더니 당이 떨어진 것 같아요. 잠깐 카페테리아에 들르면 안 될까요?"

경민의 넉살에 모두들 웃음을 터뜨렸다.

"좋아요. 안 그래도 음료 한 잔씩 대접하려던 참이었습니다. 아마존은 다른 대형 IT 회사들과 달리 직원들도 카페테리아나 식당을 이용할 때 모두 돈을 내야 하는데요, 이는 조금이라도 비용을 아껴서 고객들에게 돌려주자는 회사의 철학이 담긴 정책이랍니다. 자, 뭘 드시겠어요?"

각자 마실 음료와 디저트를 사서 자리를 잡은 네 사람. 혜민은 자리에 앉기 무섭게 제이콥에게 질문을 던졌다.

"제이콥, 아까 고객에게 이익을 돌려주려 한다고 하셨잖아요.

예전에 신문에서 아마존을 '지구상에서 가장 고객 중심적인 회사'라고 꼽은 기사를 봤어요. 대체 왜 그렇게 불리는 거죠?"

"하하! 혜민은 정말 모르는 게 없군요! 고객 중심적인 마인드는 아마존 창업 초기부터 제프 베이조스가 지켜온 핵심 가치예요. 아까도 말했지만 아마존이 처음 생겼을 당시 사람들은 인터넷에서 물건을 사는 게 익숙하지 않았어요. 베이조스는 '어떻게 하면 고객들이 굳이 서점에 가는 대신 아마존을 선택할까?'를 고민했는데요. 그가 내린 결론은 단순했어요. '고객 입장에서 최고로 유리한 조건을 만들자!'였답니다.

그렇게 나온 전략이 책값을 대형 서점보다 훨씬 저렴하게 하는 것이었어요. 직원들은 이익이 너무 적을 거라며 반대했지만 베이조스는 확고했어요. 아마존의 신념은 고객의 이익을 가장 중요하게 생각하는 것이라고 여겼거든요. 아마존 사이트 첫 화면에 '100만 종의 책을 항상 저렴한 값에 판매합니다'라는 문구를 내걸고, 실제로 그렇게 실천했고요. 아마존이 세상에서 가장 고객을 중시하는 회사라 불린 건 아마 그때부터였을 거예요."

긴 설명을 마친 제이콥의 표정에는 자부심이 가득했다. 안 쌤, 혜민, 경민 모두 공감하는 듯 고개를 끄덕이며 음료를 들이켰다.

1995년 당시 아마존 홈페이지. 중앙에 파란 글자로
'백만 종의 책을 항상 저렴한 값에 판매합니다'라고 적혀 있어요.

고객의 신뢰로 미래를 열다

이어서 안 쌤이 말했다.

"그리고 또 하나의 혁신적인 점이 있었지. 그건 바로 고객이 나쁜 후기도 올릴 수 있게 하는 것이었어."

경민은 고개를 갸우뚱했다.

"너무 위험한 전략 아닌가요? 나쁜 평을 보고 누가 사겠어요?"

"그렇지. 하지만 그건 하나만 알고 둘은 모르는 이야기란다. 당장은 손해를 보는 것 같지만, 그런 후기조차 거르지 않고 투명하게 공개하는 회사라는 이미지가 장기적으로 쌓이게 되거든.

아마존을 '믿을 수 있는 곳'이라고 생각하게 만드는 거지.

그렇게 쌓인 고객들의 탄탄한 신뢰는 절대 배신하지 않는 법이야. 사람들은 아마존이 진심으로 고객을 생각하는 곳이라 여기게 되었고, 결국 판매량이 전보다 크게 늘어났어."

경민이 눈을 반짝이며 감탄했다.

"제 생각이 짧았네요. 그런 깊은 의도가 있었다니…! 그럼 아마존은 그 뒤로 계속 탄탄대로를 걸었나요?"

제이콥이 고개를 저으며 답했다.

"그랬다면 좋았겠지만, 잘나가는 기업은 언제나 견제를 받기 마련이에요. 엄청난 속도로 성장하는 아마존을 본 대형 서점들이 가만있을 리 없었죠. 아마존의 실체를 폭로하겠다며 대형 서점 연합이 고소를 한 적도 있었답니다."

혜민이 고개를 끄덕이며 추측했다.

"왜인지 모르지만, 베이조스라면 여기서 물러나지 않고 위기를 기회로 만들었을 것 같은데요?"

"맞아요. 베이조스는 결국 그 싸움의 승패를 고객이 판가름해 줄 거라 믿었어요. 더 좋은 서비스를 개발해서 고객이 아마존을 선택하게 만드는 수밖에 없다고 생각했죠. 그러한 신념을 갖고 개발한 게 '원클릭 주문 시스템'이었습니다.”

경민이 손가락을 튕기며 말했다.

“원클릭이라면 고객들이 클릭 한 번으로 결제를 할 수 있게 하는 방식인 거죠? 우리나라 기업 중엔 쿠팡이 특히 이런 장치를 아주 편리하게 만들어 둔 걸로 알고 있어요.”

제이콥이 고개를 끄덕였다.

“맞아요. 지금이야 많은 사이트들이 원클릭 시스템을 사용하고 있지만, 그 아이디어의 원조가 바로 우리 아마존이죠. 결제와 배송 정보를 미리 등록해 두고 클릭 한 번에 주문을 할 수 있게 만든 건 말 그대로 혁신이었답니다. 베이조스는 고객 서비스의 질은 기술로 높여야 한다고 믿거든요.

원클릭 시스템은 1999년 9월, 미국 특허상표청에 등록되었어요. 그 특허의 중요성을 내다본 애플이 2000년에 특허 사용 계약을 맺기도 했었답니다. 지금은 특허가 만료됐지만, '원클릭 특허'는 한때 수십억 달러의 수익을 만들어 준 녀석이었고요.”

제이콥의 말을 받아, 안 쌤이 이야기를 이어갔다.

“이뿐 아니라 아마존은 고객 상담을 1:1로 해 주고, 고객 취향에 맞는 책을 추천해 메일로 보내주는 등 온갖 고객 중심 서비스를 선보였어. 베이조스는 경쟁자가 새로운 시도를 하기 전에 먼저 고객을 생각해 혁신을 일으켰지. 아마존은 '고객에게 초점을 맞추면, 우리가 곧 선구자가 된다'고 믿었던 거야."

혜민의 질문에서 시작된 이야기는 꼬리에 꼬리를 물며 이어졌다.

쇼핑 사이트에서 글로벌 빅테크로 도약하다

"그럼 제이콥은 줄곧 아마존에서 일해 오신 건가요?"

잠자코 이야기를 듣던 경민이 제이콥에게 물었다.

"오, 그건 아니에요. 저의 첫 직장은 마이크로소프트였답니다."

"와, 굴지의 빅테크를 무려 두 곳이나…! 근데 왜 마이크로소프트에서 아마존으로 이직하신 거죠?"

혜민이 눈을 동그랗게 뜨며 물었다.

"하하, 아주 날카로운 질문이네요. 마이크로소프트에서 몇 년간 일하던 제가 아마존으로 이직하겠다고 결심한 계기는 바로 AWS였답니다. 개발자인 제가 봤을 때 AWS는 너무나 놀라운 서비스였거든요. 고작 이 정도의 가격으로 이런 서비스를 누릴 수 있다는 게 믿기지 않았죠."

경민이 고개를 갸웃하며 말했다.

"대체 AWS가 뭐길래요?"

"여러분에겐 낯선 용어일 수도 있겠네요. AWS는 아마존 웹서비스Amazon Web Service를 말해요.

여기서 잠깐 퀴즈! 1년 중 쇼핑몰에 사용자가 가장 많이 몰리는 날은 언제일까요?"

"글쎄요, 추석이나 설 같은 명절 아닌가요?"

경민이 대답하자 이어서 혜민이 말을 받았다.

"미국이라면 왠지 블랙 프라이데이일 것 같은데요?"

제이콥이 깜짝 놀라며 답했다.

"와우, 놀랍군요! 정답입니다. 블랙 프라이데이 그리고 이어지는 사이버 먼데이죠. 아마존은 이렇게 사용자가 평소보다 많이 몰리는 날의 트래픽을 감당하기 위해서 서버를 여유롭게 운영하고 있어요. 하지만 특정 시즌이 끝나면 확보해 놓은 많은 양의 서버가 무용지물이 되어 버리고 말죠.

그래서 아마존은 고민했습니다. 이 남아도는 서버를 어떻게 활용하면 좋을까…. 이 문제를 해결하고자 출시한 서비스가 바

로 클라우드 컴퓨팅 서비스인 'AWS'예요. 기업들에게 아마존의

유연한 인프라 기술력을 빌려주는 서비스

라고 할 수 있죠."

인프라란 '기반시설'을 뜻해요. 예를 들어, 도시에 꼭 필요한 도로나 수도 같은 시설이 인프라죠. 그렇다면 컴퓨터 세계에서 인프라란 무엇일까요? 서버, 저장 공간, 네트워크 같은 시스템의 기초를 말해요.

"그러니까 인터넷 쇼핑몰 때문에 마련해

둔 저장 공간을 새로운 사업으로 재탄생시

킨 거군요? 진짜 획기적인 발상이네요!"

경민의 입이 딱 벌어졌다. 안 쌤이 설명

클라우드 인프라를 통해 데이터를 안전하게 저장하고 처리

서버 인프라를 기업에 제공

보안 기능

온라인 서비스를 관리할 수 있는 기능을 기업에 제공

클라우드 컴퓨팅 서비스란 서버를 관리하고, 데이터를 분석하며, 앱을 만드는 일을 쉽게 할 수 있게 도와주는 서비스예요. 아마존의 AWS와 마이크로소프트의 애저(Azure)가 대표적입니다.

을 덧붙였다.

"이제 AWS는 아마존에 없어서는 안 되는 사업 부문이라고 할 수 있지. 아직도 많은 사람들이 아마존을 단순한 온라인 쇼핑몰 정도로 생각하지만, AWS야말로 아마존의 진정한 성장 동력이란다. 실제로 AWS는 지난 1년 동안 아마존의 영업이익 605억 달러 중 60퍼센트를 차지했어2024년 12월 기준."

제이콥은 뿌듯한 미소를 지으며 말했다.

"맞아요. 아마 소프트웨어 사업을 하는 기존 대기업들은 처음엔 아마존을 믿을 만한 소프트웨어 기업으로 여기지 않았을 거예요. 불굴의 추진력으로 성과를 만들어 내는 팀이 있다고도 생각하지 못했겠죠. 그래서 아마존이 AWS를 출시하고 난 이후 무려 7년 동안이나 경쟁 업체가 단 한 곳도 나오지 않았답니다. 베이조스는 이걸 비즈니스 역사상 가장 큰 행운이라고 표현했죠."

카페테리아에서 이야기를 나누는 사이 어느덧 해가 뉘엿뉘엿 지고 있었다. 네 사람 모두 주문한 음료와 디저트를 비운 뒤였다.

"자, 다들 당은 충분히 충전한 것 같으니 이제 투어를 마무리하러 가 볼까요?"

제이콥이 활기차게 자리에서 일어났다.

우주를 꿈꾸던 소년, 달 착륙선을 만들다

미처 둘러보지 못했던 공간들을 구석구석 살펴본 뒤, 제이콥과 일행은 다시 입구로 돌아왔다. 나가려는 찰나, 제이콥이 싱긋 웃으며 말을 꺼냈다.

"오늘 더 스피어스 투어, 즐거우셨나요? 여러분이 호기심 가득한 눈빛으로 많은 질문을 던져 주셔서 저도 시간 가는 줄 몰랐어요. 자, 이제 약속대로 선물을 드려야겠죠?"

그 말에 경민의 눈이 반짝였다. 혜민도 기대 가득한 표정을 지었다.

"원래는 퀴즈를 맞힌 경민에게만 선물할 생각이었지만,"

제이콥이 짐짓 비장한 표정으로 말을 이었다.

"혜민의 대단한 사전 조사와 적극성에 감동받았어요. 그래서 두 사람 모두에게 선물을 주기로 했습니다!"

제이콥이 경민과 혜민에게 각각 티켓을 한 장씩 건네자, 혜민이 깜짝 놀랐다.

"이건…, 달 착륙선 탑승권 응모 티켓이네요?"

혜민이 티켓을 살피며 감탄하자, 제이콥이 싱긋 웃었다.

"맞아요. 그리고 보니 제 정식 소개를 안 드렸군요. 저는 베이조스가 세운 민간 우주 기업 '블루 오리진'에서 시니어 매니저로 일하고 있어요.

베이조스는 어릴 때부터 우주를 동경했답니다. 다섯 살 무렵, 아폴로 11호의 달 착륙을 지켜보며 우주 여행을 꿈꿨고, 고등학교 졸업식 연설에서 '마지막 개척지인 우주에서 만나자'고 선언할 정도로 우주에 대한 열정이 컸죠. 이번 행사는 그의 어린 시절 꿈을 기념하고, 우주를 사랑하는 청소년들을 위해 마련한 거예요. 여러분도 관심 있다면 꼭 응모해 보세요."

경민은 잔뜩 상기된 목소리로 말했다.

"제 소원이 우주 여행인데, 이런 기회가 오다니요!"

지구와 우주를 향한 꿈

"베이조스는 2000년, 자신의 사비로 블루 오리진Blue Origin을 설립했습니다. 그는 매년 자신이 가진 아마존 주식을 팔아 회사

제프 베이조스가 첫 준궤도 우주비행을 마친 뒤 캡슐을 맨 먼저 빠져나오며
환영객과 하이파이브를 하는 모습 출처 : 웹 방송 갈무리

운영비를 마련했죠. 그 결과 2015년 '뉴 셰퍼드'라는 유인 우주
선을 개발했고, 마침내 2021년 베이조스 자신이 우주로 직접 날
아올랐어요. 우주 캡슐 안에서 '인생 최고의 날best day ever!'이라
외치던 그 모습은 지금도 생생하답니다."

제이콥이 당시를 회상하는 모습에 혜민이 놀라며 말했다.

"베이조스가 그렇게 우주에 진심인 줄은 몰랐네요. 그럼 은퇴
후에는 우주 여행에만 전념하고 있는 건가요?"

제이콥이 고개를 저으며 웃었다.

"물론 베이조스가 '우주 덕후'인 건 맞아요. 하지만 우주 개발

만큼이나 지구 환경을 지키는 데도 엄청난 정성을 쏟고 있죠. 2020년에는 '베이조스 지구 기금'에 100억 달러약 14조 원를 기부했어요. 기후 변화를 막으려는 과학자, 활동가, 단체들을 돕기 위해서요.

베이조스는 우주 여행을 다녀온 뒤 기자 회견에서 '우주에 간 사람은 지구의 아름다움과 연약함을 몸소 확인한 뒤 경이로움을 느낀다'고 말했어요. 또 인류가 만든 기후 문제를 직접 깨닫고, 이를 해결해야 한다고 강조했죠. 그는 '아이들이 미래를 만들어 나가려면, 우주 진출 경로를 열 필요가 있다'며, 지구 문제를 해결하기 위해서도 우주로의 진출이 중요한 한 축이라고 생각한답니다."

이야기를 마친 제이콥이 싱긋 웃으며 말했다.

"자, 이제 정말 투어를 마칠 시간이네요. 미국에서의 남은 여행도 즐겁게 마무리하길 바랄게요. 먼 미래에, 혹시 우주에서 다시 만날지도 모르죠!"

그 말에 경민, 혜민, 안 쌤 모두 웃음을 터뜨렸다. 헤어지기 직전, 제이콥은 힘차게 손을 흔들며 작별 인사를 했다.

아마존의 미래 수업

앤디 재시 Andy Jassy
현 아마존닷컴 CEO

경민 앤디 CEO님! '더 스피어스' 투어 때는 너무 멋진 건물을 보느라 정신이 없었는데, 이제 차분히 여쭤보고 싶어요. AI, 머신러닝, 그리고 5G에 주목하신 이유가 뭔지 정말 궁금했거든요. 2019년에 이미 그런 전망을 하셨던 걸 봤어요.

앤디 반가워요, 경민. 더 스피어스에서 보여준 호기심에 대해서는 제이콥을 통해 들었어요. 일단 경민이 물어본 기술들, 그러니까 AI와 머신러닝, 5G는 제가 오래전부터 주목해 온 기술들이에요. 앞으로 5~10년 안에 이 기술들이 인류의 삶을 근본적으로 바꿀 거라 확신했죠.

혜민 제가 알기로는 클라우드 시대가 열리면서 데이터를 저렴하게 쌓고, 그걸 AI랑 머신러닝으로 분석하고, 5G로 실시간 전송할 수 있게 되면서 거의 모든 서비스가 혁신될 거라고 하셨던 것 같아요. 맞나요?

앤디 정확해요. 최근까지도 데이터 저장이나 전송이 비싸서 버려지던 정보들이 많았어요. 하지만 이제 클라우드 덕분에 엄청난 데이터가 축적되고, 머신러닝과 AI 기술로 그 데이터를 분석해 새로운 가치를 끌어낼 수 있습니다. 여기에 5G까지 더해지면 복잡한 연산이나 서비스도 순식간에 처리할 수 있어요. 결국 모든 앱, 모든 산업 분야가 이 기술들을 활용하게 될 겁니다.

혜민 아하! 그래서 아마존이 AI에 막대한 투자를 하는 거군요. 앤스로픽AI 모델 '클로드'를 만든 회사 같은 스타트업에 투자하고, AI칩 '트레이니엄2'같은 것도 만들고요. 와, 그럼 이게 결국 아마존의 미래 먹거리가 되는 건가요?

앤디 그렇다고 할 수 있죠. 저희는 챗GPT의 경쟁사로 꼽히는 앤스로픽에 약 40억 달러를 투자했고, 자체 AI칩을 개발하는 등 다양한 시도를 하고 있어요. AI와 머신러닝 기술을 잘 활용하는 능력이 앞으로 기업들이 프로그램애플리케이션을 클라우드로 옮기는 가장 큰 이유가 될 거라고 생각해요. 미래에는 수백억 달러 이상의 새로운 수익이 여기서 나올 것이고, 많은 혁신적인 AI 서비스가 AWS아마존 웹 서비스 위에서 돌아갈 겁니다.

혜민 그런데 이런 대규모 혁신을 이루려면 경영진의 리더십이 정말 중요하지 않을까요? 개발자들이 열심히 일해도, 결국 큰 방향을 잡는 건 CEO 같은 리더들의 결단일 테니까요.

앤디 클라우드 전환 초기에도 가장 큰 걸림돌은 기술 문제가 아니라 '리더십'이었어요. 개발자들은 문제 해결 능력이 뛰어나지만, 회사를 실제로 움직이는 건 경영진의 결단이죠. 언제든 혁신을 시도하며, 실패를 두려워하지 않고 새로운 아이디어를 실험할 수 있는 환경을 만드는 게 CEO의 몫입니다. 저희 아마존은 위험 감수와 실험 정신을 장려하고, 고객을 최우선에 두는 문화인 고객 집착customer obsession을 유지해 왔기 때문에 이런 변화에 적극적으로 대응할 수 있었답니다.

경민 고객 중심이라는 말을 아마존에서 정말 많이 듣네요. 이전에도 가격을 낮추고, 나쁜 후기까지 올리게 하면서 고객 신뢰를 쌓은 게 생각나요. 미래에도 이런 고객 중심 전략은 계속될까요?

앤디 물론입니다. 기술이 어떻게 변하든, 고객 중심 사고는 절대 변하지 않을 기본 원칙이에요. AI 시대에도 고객이 진짜 필요한 게 무엇이고, 어떤 점에서 삶을 편리하게 만들 수 있는지 고민할 겁니다. 세상을 뒤바꾸는 기술적 변혁 속에서도, 저희 아마존은 고객을 만족시키는 길을 찾아 선구자가 될 계획이에요. 미래에는 AR, VR 그리고 우주로 확장되는 서비스까지 가능하겠죠. 베이조스가 우주를 꿈꾸는 것처럼, 저희도 지구와 우주를 잇는 새로운 경험을 준비하고 있습니다.

혜민 우주라니, 정말 꿈만 같아요. AI, 머신러닝, 5G 그리고 우주…. 아마존은 미래를 설계하는 기업처럼 느껴져요.

경민 와, 나중에 아마존이 운영하는 우주 관광 서비스가 나온다면 꼭 체험하고 싶어요! 그때 또 뵐 수 있겠죠?

앤디 그럼요. 그날이 오면, 제가 우주 정거장 카페에서 커피 한 잔 대접하겠습니다. 기술과 혁신의 흐름에서 무엇보다 중요한 건, 고객에게 가치 있는 경험을 제공하는 거니까요.

아마존은 글로벌 서비스를 제공하며 전 세계 고객에게 편의를 선사하고, AI와 머신러닝을 활용해 더 효율적인 소비 문화를 조성하려 합니다. 한편, 이 과정에서 전통 산업과 노동 환경 그리고 지역 상권의 변화 등 다양한 사회적 과제가 발생하기도 합니다. ▶ 아마존과 같은 거대 기술 기업의 성장과 혁신은 사회에 어떤 긍정적·부정적 변화를 가져올까요? 그리고 이러한 변화 속에서 사회가 균형을 잡기 위해 어떤 노력이 필요할까요?

아마존은 초기에 수익을 줄이는 결정(책값 인하, 나쁜 후기 공개 등)을 바탕으로 장기적으로 고객 신뢰와 충성 고객을 얻는 전략을 택했고, 이후 AI 스타트업 투자, 클라우드 인프라 확장 등을 통해 미래 수익원을 확보해 가고 있습니다. ▶ 투자자가 기업을 평가할 때 단기 이익보다 장기적 신뢰와 미래 가치에 주목해야 하는 이유는 무엇일까요?

아마존 창업자인 제프 베이조스는 우주 기업 블루 오리진을 통해 우주 여행의 꿈을 실현하는 한편, 기후 변화 대응을 위한 '베이조스 지구 기금'에 막대한 자금을 투입하고 있습니다. ▶ 우주 탐사와 환경 보호에 적극 나서는 기업인의 사례에서 보듯, 기업의 역할이 지구와 우주라는 무한한 무대로 확장되고 있습니다. 이러한 변화 속에서 지구 생태계와 인류 미래를 위한 기업의 바람직한 자세와 전략은 무엇일까요?

07

마이크로소프트와 함께
혁신의 역사를
거닐다

마이크로소프트 본사로 가는 길

아마존 투어를 감동적으로 마친 뒤, 세 사람은 근처 피자 가게에서 간단히 점심을 즐겼다. 이제 7대 빅테크 기업 중 마지막 목적지, 마이크로소프트 방문만을 남겨두고 있었다.

"처음 여행을 시작할 때만 해도 저희가 정말 일곱 곳의 빅테크들을 모두 방문할 수 있을까 걱정도 되고 실감도 안 났는데…. 벌써 마지막 마이크로소프트만을 남겨두고 있네요."

혜민이 시원섭섭함을 느끼며 말했다. 안 쌤이 고개를 끄덕이며 말했다.

"그러게 말이다. 쌤도 이 긴 여정이 이렇게 후딱 지나갈 줄 몰랐단다. 아쉽지만 마지막 일정인 마이크로소프트도 신나게 둘러보자꾸나. 시애틀 벨뷰에서 좀 떨어진 레드먼드시로 가야 해서 지금 바로 출발할 거야. 쌤이 특별히 차를 빌려뒀으니 다들 안전벨트 잘 매고 출발해 볼까?"

분주한 도시를 뒤로하고, 고요한 주택가와 푸른 숲을 지나 한

참을 달리자 드디어 마이크로소프트 본사 캠퍼스가 모습을 드러냈다. 입구에는 역시나 눈에 띄는 큼지막한 마이크로소프트 로고가 자리 잡고 있었다.

경민은 인증샷을 찍을 생각에 신이 나서 제일 먼저 로고 앞으로 달려갔다.

"쌤, 선배! 얼른 오세요! 인스타에 올릴 사진 찍고 들어가요!"

안 쌤이 사진 삼매경에 빠진 경민에게 물었다.

"경민이 너 그새 팔로워가 또 늘었던데? 여행의 충실한 기록

하늘에서 내려다 본 마이크로소프트 캠퍼스

마이크로소프트 방문객 센터 전경

가로 활약하는 모습, 칭찬해! 그런데 이 로고가 뭘 상징하는지 알고 있니?"

"음…, 글쎄요. 늘 창문 모양 같다고 생각하긴 했는데. 뭘 상징하는 거죠, 쌤?"

안 쌤이 빙그레 웃으며 말했다.

"역시 경민이야. 관찰력이 좋다니까. 맞아. 네 개의 정사각형이 모여 창문윈도우 같지? 마이크로소프트의 로고는 자사 주요 제품군을 각각 다른 색으로 표현했어. 어떤 제품들인지 한번 맞춰 볼래?"

이번엔 혜민이 답했다.

"가장 먼저 떠오르는 건 역시 '윈도우'죠. 그리고 오피스 제품 군도 있을 것 같고…. 음, 빙Bing 검색 엔진도 하나일까요? 나머지 하나는… 잘 모르겠어요."

안 쌤이 박수를 치며 감탄했다.

"혜민이는 쌤을 늘 놀라게 하는구나. 네 가지 중 세 개나 맞추다니 정말 대단해!

먼저 주황색은 '오피스'를 상징해. 바쁜 업무, 생산성을 상징하는 색이지. 파란색은 '윈도우'로, 사용자에게 안정감 있고 편안한 경험을 준다는 의미란다. 노란색은 '빙' 검색 엔진의 상징색이고, 낙천주의와 창의성을 의미해. 마지막 초록색은 '엑스박스'야. 게임과 재미를 떠올리면 딱이지."

"와, 저 작은 로고에 이렇게나 많은 의미가 담겨있었던 거예요…? 오늘 포스팅엔 이 로고 얘기도 함께 적어야겠어요."

경민이 부지런히 안 쌤의 말을 받아 적었다.

안 쌤이 시계를 보며 말했다.

"이야기하다 보니 예약 시간이 다 됐네. 얼른 로비로 들어가자, 얘들아!"

마이크로소프트 성장의 뿌리를 만나다

방문객 센터의 로비는 발 디딜 틈 없이 북적이고 있었다. 세 사람은 안내원에게 예약 내역을 확인받고, 본사 조감도를 둘러보았다.

"규모가 장난 아니네요! 마이크로소프트가 마을 하나를 통째로 쓰는 것 같은데, 지금도 계속 확장 중인가 봐요."

경민이 정신없이 조감도를 구경하는 사이, 혜민은 연신 주위를 둘러보았다. 누군가를 찾는 듯한 모습에, 이를 눈치챈 안 쌤이 물었다.

"분명 여기서 기다린다고 했는데…. 누군지를 모르겠네."

"혜민아, 혹시 누굴 찾고 있니?"

"아까 제이콥이 오후에 뭐 하냐고 물어서 마이크로소프트 본사에 간다고 했거든요. 그랬더니 그의 베스트 프렌드가 여기서 일한다며 투어를 부탁해 보겠다고 귀띔하더라고요. 이름이 손이라던데, 얼굴을 모르니까 찾기가 쉽지 않네요."

"정말? 마이크로소프트는 우리끼리 돌아다녀야 하나 했는데 잘됐네! 잠시 이곳에서 기다려 보자."

그때 저 멀리 멋진 턱수염을 기른 인상 좋은 남자가 세 사람을 발견하고 성큼성큼 걸어왔다.

"혹시 제이콥이 말한 한국에서 온 특별한 손님들이신가요? 저는 숀이라고 합니다."

혜민이 반갑게 인사했다.

"네! 맞아요. 정말 와주셨군요. 저는 혜민, 이쪽은 경민, 그리고 이분은 우리 선생님 미스터 안이에요. 한국에서 미국 빅테크 기업들을 탐방하러 온 중학생 탐방단이랍니다."

숀이 활짝 웃으며 말했다.

"모두 만나서 반가워요. 보여 드릴 곳이 많으니 바로 움직여 볼까요?"

숀의 안내를 받아 먼저 도착한 곳은 마이크로소프트의 성장 일대기를 볼 수 있는 전시 공간이었다. 1975년부터 현재까지 마이크로소프트의 연대기가 벽 한 면을 가득 채우고 있었다.

"마이크로소프트는 1975년에 설립됐죠. 놀라운 건 그때 빌 게이츠와 폴 앨런, 둘 다 대학생이었다는 사실이에요. 당시 그들은 '모든 가정과 책상 위에 컴퓨터가 놓일 날'이 올 거라고 믿었죠."

손이 벽을 가리키며 말했다.

"제가 알기론 빌 게이츠가 학교를 자퇴했다고 하던데 사실인가요?"

혜민이 궁금한 듯 묻자 손이 대답했다.

"맞아요. 빌 게이츠는 원래 아버지 뜻에 따라 하버드 대학교 법학과에 진학했지만, 법보다 컴퓨터에 대한 열정이 훨씬 컸어요. 그래서 하버드를 자퇴하고 앨버커키로 가서 회사를 키우기 시작했죠. 그는 '법은 다른 사람이 공부해도 되지만, 개인용 컴퓨터 시대를 준비하는 사람은 드물다'고 생각했어요. 그 확고한 믿음 덕분에 보장되지 않은 미래에 자신을 걸 수 있었던 거죠."

잠자코 듣던 경민이 눈을 빛내며 물었다.

"그러고 보니 메타 플랫폼스의 마크 저커버그도 그렇고 빌 게이츠도 그렇고, 천재들은 학교를 다 자퇴하는 거 같은데요? 성공하려면 자퇴를 해야 하나…?"

안 쌤은 그럴 줄 알았다는 듯 웃으며 고개를 저었다.

"하하! 공교롭게도 그런 공통점이 있긴 하지. 하지만 둘 다 뚜렷한 비전이 있었어. 자퇴 자체가 성공 비결은 아니야. 중요한 건 자신의 열정을 확실히 알고, 세상이 어떻게 변할지 내다보는 통찰력과 그 길을 가려는 결단력이었지.”

혜민과 경민은 진지한 표정으로 고개를 끄덕였다. 확실한 비전이 없다면 대학이라는 안전한 길을 버리고 모험을 택하기란 쉽지 않을 터. 두 사람은 빌 게이츠의 승부사다운 선택이 새삼 대단하게 느껴졌다.

소프트웨어 산업 역사상 가장 중요한 결정

전시 공간 구경을 마친 뒤 끝이 보이지 않는 산책로를 걸으며 손이 물었다.

"여러분은 마이크로소프트 하면 어떤 키워드가 가장 먼저 떠오르세요?"

경민이 기다렸다는 듯 바로 답했다.

"저는 윈도우요! 컴퓨터 켤 때 제일 먼저 보이는 단어잖아요."

손이 미소를 지으며 고개를 끄덕였다.

"그렇군요. 아무래도 혜민과 경민은 나이가 어려 윈도우 시절부터 기억하고 있겠네요. 하지만 윈도우 이전에 마이크로소프트에게는 'MS도스DOS'라는 운영체제가 있었답니다. 아마 미스터 안은 잘 아시겠죠?"

"물론이죠. 1985년쯤이었던가요. 한국에서는 큐닉스라는 업체가 MS도스에서 한글 명령어를 처리할 수 있는 소프트웨어를 출시했는데요, 정말 혁명적이었어요."

"역시 아시는군요. MS도스는 마이크로소프트의 역사를 이야기할 때 빼놓을 수 없는 부분이죠. 회사 설립 초기였던 1980년 여름, 마이크로소프트는 IBM에서 한 통의 연락을 받게 됩니다.

당시 IBM은 개인용 컴퓨터를 개발하고 있는 잘 나가는 업체였죠. 그들은 개인용 컴퓨터를 구동시킬 운영체제를 찾고 있었어요. 처음엔 CP/M이라는 운영체제를 만들던 '디지털 리서치'라는 업체와 협상을 했지만 합의에 이르지 못했죠. 대안을 찾는 과정에서 마이크로소프트에까지 연락이 온 겁니다. 빌 게이츠는 이 기회를 놓치지 않았어요. "

> **CP/M**은 초기 개인용 컴퓨터용 운영체제(OS) 중 하나입니다. IBM이 처음 OS를 찾을 때 협상했던 소프트웨어로, MS도스의 탄생에 간접적 영향을 주었습니다.

혜민이 눈을 반짝이며 물었다.

"그런데 제가 듣기론, 당시 마이크로소프트는 운영체제os 개발 경험이 전혀 없었다면서요? 그런 상황에서 어떻게 IBM과 협력할 수 있었던 거예요?"

손이 웃으며 답했다.

"정확히 알고 있네요, 혜민. 마이크로소프트는 직접 운영체제를 만든 적이 없었지만, Q도스dos라는 운영체제를 알고 있었어요. CP/M과 비슷한 구조를 가진 Q도스를 만든 시애틀 컴퓨터

특허사용 계약(라이선스 계약)은 특허를 가진 사람이 다른 사람이 해당 특허를 합법적으로 사용할 수 있게 허락하고, 그에 대한 대가를 받는 계약입니다. 예를 들어, 한 기업이 다른 기업의 기술을 활용해 제품을 만들고 싶을 때 특허사용 계약을 한답니다.

프로덕트와 특허사용라이선스 계약을 맺었고, 그걸 IBM PC용으로 개조한 뒤, 결국 1981년에 Q도스를 아예 인수했죠. 그렇게 탄생한 게 바로 MS도스예요."

안 쌤이 감탄하며 고개를 끄덕였다.

"기회를 놓치지 않기 위해 다른 회사의 운영체제를 활용하고, 결국 아예 인수까지 했다니…. 빌 게이츠의 집념과 판단력이 돋보이는 일화군요."

전시 공간을 거쳐나온 뒤, 쏜이 다시 입을 열었다.

"그 과정에서 빌 게이츠는 소프트웨어 산업 역사상 가장 중요한 결정을 내렸어요. 바로 IBM이 MS도스에 대한 독점적 권리를 주장하지 못하게 한 겁니다."

혜민이 고개를 갸웃했다.

"독점적 권리를 주장하지 못하게 했다면, 저작권을 IBM에 넘겨주지 않았다는 거네요? 그게 왜 중요한 거예요?"

쏜이 미소를 지으며 설명했다.

"당시엔 소프트웨어를 하드웨어의 부속품 정도로 여겼기 때문에, 하드웨어 업체가 소프트웨어에 대한 권리를 가져가는 게 일반적이었어요. 하지만 빌 게이츠는 소프트웨어를 하드웨어와 별개로 취급해야 한다고 생각했어요. 그는 소프트웨어를 '별도로 판매'하거나 '특허 사용 계약'을 맺어 제공하는 방식을 도입했죠. 지금은 익숙한 일이지만, 당시로서는 매우 혁신적인 접근이었습니다. 당장 소프트웨어가 필요했던 IBM은 마음이 급해 이 요구를 받아들였습니다."

"잘은 모르지만, 아주 큰 변화를 불러왔을 것 같은데요?"

경민이 호기심 어린 목소리로 물었다. 숀이 고개를 끄덕였다.

"그때의 계약 덕분에 마이크로소프트는 이후 40년 동안 개인용 컴퓨터 시장을 지배할 수 있었답니다. IBM의 경쟁사들이 IBM PC와 비슷한 컴퓨터를 금방 만들어냈기 때문이에요.

하지만 그들에겐 역시나 운영체제가 없었기 때문에 마이크로소프트의 문을 두드릴 수밖에 없었죠. 결국 IBM과 유사한 컴퓨터를 만든 모든 회사들이 우리 회사로 찾아오게 되었고요.

그 후 특허사용 계약은 소프트웨어 산업의 기본적인 비즈니스 모델이 됐죠. 한 마디로 이 계약이 소프트웨어 산업 전체를 바꿔놓은 '게임 체인저'가 된 거예요!"

세계를 제패한 윈도우 신화의 시작

"꽤 오래 걸었더니 다들 배고프지 않나요?"

숀이 웃으며 제안했다.

"가까운 곳에 직원용 식당이 있는데, 조금 이른 저녁식사를 하실래요?"

경민이 기다렸다는 듯 손을 번쩍 들었다.

"제 마음을 어떻게 아셨죠? 산책로가 어찌나 넓은지 점심 먹은 게 전부 소화된 것 같아요. 당장 먹으러 가요!"

레스토랑 한 편에 자리를 잡은 숀과 일행. 혜민이 궁금함을 참지 못하고 물었다.

"MS도스 이야기는 충분히 들은 것 같아요. 이제 윈도우 이야기도 궁금해요!"

"제이콥에게 들은 그대로 혜민은 학구열이 엄청나군요. 좋아요. 아까 이야기했듯, MS도스는 PC 이용자들에게 혁신을 불러왔어요. 하지만 아주 치명적인 문제점이 있었죠. 그건 바로 많은 명령어를 일일이 입력해야 한다는 것이었는데요. 일반인들이 사용하기엔 상당히 불편한 방식이었죠.

이 문제를 해결하기 위해 마이크로소프트가 내놓은 게 바로 '윈도우'였답니다. 하지만 1983년 발표된 초기 버전은 '베이퍼웨어', 즉 실체 없는 상품처럼 여겨져 시장 반응이 차가웠어요."

혜민이 고개를 끄덕이며 말했다.

"윈도우도 처음부터 성공한 건 아니었군요. 그럼 언제부터 인정받기 시작했나요?"

"윈도우가 본격적으로 주목받은 건 1985년 '윈도우 1.0' 버전이 나오면서부터였어요. 이때 스크롤, 아이콘 같은 기능이 처음 구현됐죠. 또 이때부터 한 가지 프로그램을 종료하고 다시 시작하지 않아도, 여러 프로그램을 켜놓고 전환하는 게 가능해졌습니다."

"헉, 예전엔 프로그램 하나를 사용하고 나면 컴퓨터를 재부팅해야 했던 건가요?"

경민은 놀라움을 감추지 못했다. 손이 웃으며 고개를 끄덕였다.

"AI PC까지 등장한 요즘, 이런 이야기를 들으면 믿기지 않겠죠. 하지만 불과 30여 년 전까지만 하더라도 그랬답니다. 모니터 화면에서 마우스만 움직여 원하는 프로그램을 클릭해 실행할 수 있다는 것 자체가 '혁신'이었으니까요."

"새삼 기술 발전이 정말 빠르다는 게 느껴지네요. 그렇다면 윈도우 2.0은 또 어떤 점이 발전했나요?"

혜민이 물었다.

"윈도우 2.0은 1987년에 나왔어요. 바탕화면 아이콘, 확장 메모리 지원, 향상된 그래픽 기능 등이 특징이었죠. 창을 겹치거나 화면 레이아웃을 자유롭게 바꿀 수 있고, 업무 처리 속도를 높이는 바로가기 키도 이때 처음 등장했답니다.

윈도우 2.0 덕분에 마이크로소프트는 1988년 매출 기준으로 세계 최대 PC 소프트웨어 회사가 됐어요. 사람들이 윈도우에 익

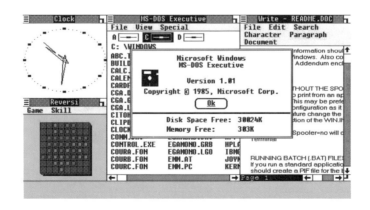

윈도1.0의 화면 출처 : ko.wikipedia.org

숙해지면서 판매량이 급증한 덕분이죠. 이러니 윈도우 2.0이야 말로 마이크로소프트를 세계 최정상 소프트웨어 기업으로 이끈 1등 공신이라 불러도 지나치지 않습니다.”

부지런히 식사를 하던 안 쌤도 말을 거들었다.

“제 기억이 맞다면 소비자용으로 설계된 윈도우의 첫 버전이 1998년에 나왔던 거 같은데 맞나요, 숀?”

잠깐! PC 시대를 연 운영체제 혁신

오늘날 우리에게 당연한 ‘개인용 컴퓨터(PC)’라는 개념은 1970~80년대까지만 해도 굉장히 낯선 것이었어요. 초기 컴퓨터들은 크고 비싸며, 기업이나 연구소, 대형 기관에서만 주로 쓰였습니다. 그런데 1980년대를 전후해 작은 크기의 컴퓨터, 즉 PC가 등장하기 시작했어요. 이를 대중에게 보급하는 데 큰 역할을 한 것이 바로 운영체제(OS) 혁신이었습니다. ‘컴퓨터 사용=어려운 일’이라는 고정관념이 깨지며 PC가 전 세계 가정과 학교, 사무실에 퍼졌고, 디지털 시대의 문이 활짝 열렸습니다.

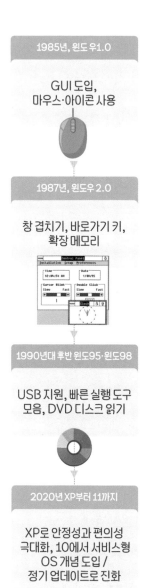

GUI 도입,
마우스·아이콘 사용

1987년, 윈도우 2.0

창 겹치기, 바로가기 키,
확장 메모리

1990년대 후반 윈도95·윈도98

USB 지원, 빠른 실행 도구
모음, DVD 디스크 읽기

2020년 XP부터 11까지

XP로 안정성과 편의성
극대화, 10에서 서비스형
OS 개념 도입 /
정기 업데이트로 진화

윈도우의 진화

"1998년 6월 25일 출시된 '윈도우 98' 말이군요. 맞아요. 윈도우 98에서는 DVD 디스크와 USB 장치 읽기가 지원되기 시작했죠. 시작 메뉴를 검색하거나 바탕화면에서 찾을 필요 없이 프로그램을 실행할 수 있는 '빠른 실행 도구 모음'도 이때 처음으로 선보였고요. 그러고 보니 윈도우 98은 마지막 MS도스 기반 프로그램이기도 했네요."

경민이 감탄하며 말했다.

"지금도 쓰는 유용한 기능들이 이렇게 차근차근 업그레이드된 거라니, 진짜 '윈도우 신화'라는 말이 실감 나네요!"

"그렇죠? 지난 2021년 출시된 윈도우 11에 이르기까지 시대 흐름에 맞춰 윈도우는 끊임없이 발전해 왔습니다. 이제 식사도 끝났으니, 마지막으로 기념품 샵에 가 볼까요?"

빌 게이츠 이후의 마이크로소프트

기념품 샵은 탐방 온 사람들로 북적였다. 마이크로소프트 로고가 그려진 티셔츠부터 필기도구까지, 경민의 눈을 반짝이게 하는 물건들이 가득했다. 하지만 기념품보다 인터뷰에 더 관심이 많은 혜민은 이 기회를 놓치지 않았다.

"정말로 빌 게이츠는 이제 마이크로소프트 경영에 관여하지 않고 있나요?"

손이 고개를 끄덕이며 대답했다.

"빌 게이츠가 마이크로소프트 경영에서 손을 뗀 지는 꽤 오래됐죠. 이미 2000년에 창업 멤버이자 절친인 스티브 발머에게 CEO 자리를 넘겨줬어요. 그래도 2006년까지 최고 소프트웨어 아키텍트소프트웨어 시스템을 책임지는 최고 기술 책임자 역할을 했고, 2008년까지는 이사회 의장직을 맡았었죠. 그 뒤 2014년 사티아 나델라가 CEO로 취임하면서 완전히 물러난 셈이에요."

혜민이 고개를 끄덕이며 묻자, 안 쌤과 경민도 귀 기울였다.

"아무래도 창업자가 회사를 떠난 뒤엔 위기가 있었을 것 같은데, 어땠나요?"

"사실 발머가 CEO, 게이츠가 이사회 의장을 맡았던 2000년부터 2013년까지 마이크로소프트의 주가는 40퍼센트 정도 하락했답니다. 그러다 나델라가 CEO로 부임하면서 되살아났죠.

물론 이 과정에서 게이츠의 역할이 전혀 없었던 건 아니에요. 대주주로서 나델라의 든든한 우군이었거든요. 나델라는 더 이상 윈도우라는 '캐시카우확실한 수익원'에만 의존하지 않고, 클라우드 분야에 적극 투자했어요. 아마존, 구글과 함께 클라우드 시장을 선점하며 혁신을 일으킨 덕분에, 한때 애플에 시가총액 1위

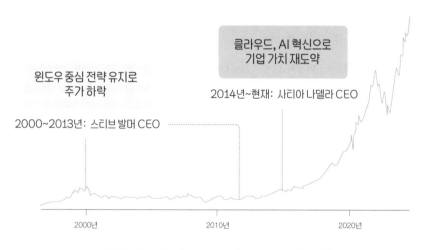

빌 게이츠 이후 마이크로소프트의 CEO 및 주가 추이

를 내줬던 마이크로소프트가 2020년대 들어 다시 애플과 1위를 다툴 수 있게 되었답니다."

경민이 감탄하며 중얼거렸다.

"창업자에게 의존하는 대신 과감한 혁신을 선택한 거군요. 그렇다면, 창업자인 빌 게이츠는 이제 뭘 하나요?"

자선가로 인생 2막을 열다

"빌 게이츠는 마이크로소프트라는 둥지를 떠나서 더 큰 사회적 가치를 창출하는 기업가이자 자선가로 인생 2막을 열었어요. 2000년 그는 CEO를 사임하면서 '빌&멀린다 게이츠 재단'을 설립했죠. 빈곤, 질병 퇴치 등 글로벌 난제 해결에 목적을 둔 재단이랍니다.

포춘에 따르면 게이츠 재단은 1995년 1월부터 2017년 말까지 455억 달러약 55조 원를 기부했다고 해요. 대부분의 금액이 에이즈, 말라리아, 독감 등 질병을 예방하고 퇴치하는 데 쓰였고요.

2017년에는 세계 각지의 자선 단체들과 손잡고 '전염병 대비 혁신 연합CEPI'을 출범시키기도 했는데요. 전염병 백신을 개발하고 비축하는 것을 목표로 하는 단체죠.

다들 기억하겠지만 2020년 초에는 코로나19가 전 세계를 강타했었잖아요? 당시에도 게이츠 재단은 1억 달러를 기증했어요. 가정용 코로나19 진단 키트 보급 운동에도 적극 나섰고요.

이처럼 게이츠는 기후 변화, 에너지 고갈, 보건과 교육 등 인류가 직면한 보편적 문제의 해법을 찾는 데 주력하고 있어요. 아프리카에 깨끗한 식수와 화장실을 제공하기 위해서 노력했고, 대학을 포함한 많은 교육 기관에 기부하며 좋은 교육이 더 많은 학생에게 제공될 수 있게 했답니다.”

혜민이 고개를 끄덕거렸다.

“멋지네요. 부자가 된 후에 자신의 이익만을 생각하지 않고 사회로 환원할 줄 아는 리더라니.”

손이 미소를 지었다.

“빌 게이츠의 이런 행보는 그의 부모님께도 큰 영향을 받았다고 알려져 있어요. 멀린다와 결혼하던 해 사랑하던 어머니가 돌아가셨거든요. 그는 평생 이웃을 사랑하고 나눔을 몸소 실천했던 어머니의 뜻을 깊이 새겼답니다.

부인 멀린다와 함께 다녀온 아프리카의 참상을 떠올리며 그들에게 필요한 건 컴퓨터가 아니라 질병을 고쳐 주고 배고픔을 해결해 주는 일이라고 생각했다고 해요. 자신의 막대한 부를 어디에 써야 할지 똑똑히 알았던 거죠."

그 사이 기념품 샵을 신나게 구경하며 양손 가득 물건을 사온 경민이 나타났다.

"와, 마이크로소프트는 기념품도 멋지네요. 한국에 돌아가서 가족들과 친구들에게 나눠 줄 거예요!"

그러자 안 쌤이 말했다.

"이야, 경민이가 뭘 그렇게 많이 사나 했더니 주변 사람들에게 나눠 주려고 그랬던 거였구나. 빌 게이츠의 나눔 정신을 벌써 실천 중이네. 대견한걸."

"새 아이폰 사는 것에만 관심이 있던 예전의 제가 아니라고요! 쌤, 덕분에 오늘 마이크로소프트에 대해 많이 알게 되었어요! 친절하고 상세하게 안내해 주셔서 고맙습니다!"

"하하! 도움이 되었다니 이거 영광이네요! 언젠가 한국에 놀러 가게 되면 또 만나요, 여러분."

마이크로소프트의 미래 수업

사티아 나델라 Satya Nadella
현 마이크로소프트 CEO

나델라 안녕하세요, 멀리 한국에서 오셨다고 들었습니다. 만나서 반갑습니다.

혜민 안녕하세요! 이렇게 귀한 자리에 초대해 주셔서 영광이에요. 마이크로소프트의 역사와 혁신 이야기를 듣다 보니, 자연스럽게 궁금한 점이 많아졌어요.

경민 저도요! 방금 기념품숍에서 이것저것 잔뜩 사가지고 왔거든요. 마이크로소프트를 소소하게나마 응원 중이에요, 하하!

나델라 두 분 모두 활기가 넘치네요. 물어 보고 싶은 게 있다면서요? 편하게 물어 보세요.

혜민 네, 감사합니다. CEO님께서 취임하신 후 마이크로소프트 문화에 '성장 마인드셋'을 도입하셨다고 들었어요. 이전에는 마이크로소프트가 개발자들에게 특정 기술을 강요한다는 평가도 있었는데, 이제는 개발자들의 자유를 존중하고, 고객 중심의 접근을 강조한다고 알고 있어요. 이런 변화는 어떤 배경에서 나온 건가요?

나델라 제가 CEO로 취임한 2014년 당시, 마이크로소프트는 윈도우와 오피스라는 견고한 핵심 상품이 있었지만, 일부에선 '정체'되고 있다는 평이 나왔습니다. 저는 기술 회사가 정체되지 않고 계속해서 성장하기 위해선 '모든 것을 아는 사람'보다는 '계속 배우는 사람'으로 구성원들이 변해야 한다고 생각했죠. 즉, '성장 마인드셋'을 강조한 겁니다.

개발자들도 이제 자신들이 원하는 구성요소를 선택할 수 있어요. 예를 들어 '애저Azure' 역시 개발자들이 만족하고, 계속 쓰고 싶을 정도로 유연하고 매력적인 플랫폼이 되어야 합니다. 결국 이러한 생각의 변화가 회사 전체 문화와 개발자와의 관계를 바꿔 놓았죠.

경민   그렇군요. 직원들에게 명령하는 대신 스스로 선택하게
        하다니, 개발자들이 훨씬 행복해졌을 것 같아요.

나델라   행복한 개발자가 더 나은 제품을 만든다고 믿습니다.
        실제로 이 변화로 회사의 이미지가 많이 바뀌었어요.

혜민   한때 마이크로소프트는 빅테크 가운데 존재감이 부족
        하단 평가도 받았는데, 생성형 AI 시대를 맞아 가장 눈
        에 띄게 도약한 비결은 뭘까요?

나델라   비결이 있다면 바로 파트너십이에요. 우리는 오픈AI와
        의 협력을 통해 생성형 AI 시대를 선도할 수 있었죠. 과
        거 PC 시대에 인텔과 마이크로소프트가 협력했듯, AI
        시대에도 서로를 이끌어주는 파트너가 중요하다고 봅
        니다. 애플과 TSMC가 협력한 사례도 그렇고요.
        마이크로소프트는 플랫폼 회사라는 정체성을 유지해
        왔어요. PC 시대에 윈도우로 플랫폼을 장악했던 것처
        럼, AI 시대에는 생성형 AI 모델이 새로운 플랫폼이 될

마이크로소프트가 공개한 〈사티아 나델라 2024 : 인공지능에 대한 이야기(Stories of AI Impact)〉 2분의 짧은 영상이니, 영어 혹은 한글 자막을 설정하여 세상의 변화에 대한 나델라의 설명을 들어 보세요!

거라 믿습니다.

혜민 PC 시대 이후 다시금 플랫폼 주도권을 잡는 전략이군요. 클라우드, AI, 그리고 오픈AI와의 파트너십까지…! 결국 고객이 원하는 가치를 제공하는 데 집중한 거네요.

나델라 그렇습니다. 저는 언제나 고객 중심 사고를 기반으로, 전 세계 개발자와 기업, 그리고 소비자들이 이러한 미래 기술을 통해 성장하고 즐거움을 느끼길 바랍니다.

경민 창업자 빌 게이츠는 자선 사업가로 활약 중이고, 사티아 나델라 CEO님은 성장 마인드셋과 파트너십으로 회사를 다시 비상시키고…. 마이크로소프트는 정말 시대에 따라 유연하게 변하는 것 같아요!

안 쌤 좋은 말씀 감사합니다. 학생들이 기업 대표로부터 기술 변화와 기업 경영 전략을 직접 듣고 배우는 기회가 매우 귀한데요. 이 경험을 한국에서 많은 학생들과 나누고 싶습니다.

나델라 여러분의 탐방에 조금이라도 도움이 됐다니 기쁘네요. 한국으로 돌아가도 이 경험을 바탕으로 더 넓은 시야를 키우길 바랍니다.

마이크로소프트는 MS도스에서 윈도우, 그리고 클라우드·AI 시대에 이르까지 기술 변화를 주도하며 전 세계인의 일상에 깊숙이 자리 잡았습니다. ▶ 기술 발전으로 개인과 사회가 경험하는 일상은 어떻게 변할까요? 윈도우 등장 이후 누구나 마우스와 아이콘으로 컴퓨터를 다룰 수 있게 된 것처럼, 새로운 기술이 인간의 생각과 생활 습관, 가치관을 어떻게 바꿀 수 있을지 생각해 보세요.

_____

_____

_____

_____

한때 마이크로소프트는 정체되었다는 평가를 받기도 했지만, 이후 성장 마인드셋과 파트너십, 개발자 친화 정책 등을 통해 회사 문화를 개선함으로써 혁신은 물론 이미지 변신에도 성공했습니다. ▶ 대형 IT 기업의 문화 변화는 사회적 흐름과 어떤 상호작용을 일으킬까요? 거대 기업이 개발자나 소비자와의 관계를 개선하는 것이 사회 전반의 혁신 분위기, 직업 환경, 소비자 인식 변화에 어떤 영향을 줄 수 있을지 생각해 보세요.

_____

_____

_____

_____

_____

마이크로소프트는 창업자 시대, 발머 시대, 나델라 시대를 거치며 주가 변동을 겪었고, 클라우드와 AI 시대에 다시 가치 상승을 이뤘습니다.

▶ 투자자가 기업의 가치를 평가할 때 단기적 실적 대신 장기적 비전, 혁신 가능성, 시장 변화에 대한 대처 능력에 주목해야 하는 이유는 무엇일까요? 마이크로소프트의 사례를 통해 생각해 보세요.

_____

_____

빌 게이츠는 마이크로소프트라는 '둥지'를 떠나 글로벌 문제 해결에 전념하는 자선가로 변신했습니다. 빈곤, 질병, 기후 변화 등 인류 공통 문제 해결에 자신의 재산과 영향력을 쏟아붓고 있습니다. ▶ 성공한 기업인이 자선 활동과 사회 공헌에 적극 나서는 것은 어떤 의미를 가질까요? 부와 영향력을 사회적 가치 창출로 연결하는 행위가 기업의 이미지를 넘어, 글로벌 문제 해결에 어떤 긍정적 효과를 가져올지 생각해 보세요.

08

세계에서 가장 유명한
시골마을, 오마하에서
버핏을 만나다

자본주의의 축제, 버크셔 해서웨이 주주총회로

"자, 우리의 기나긴 여정도 어느새 끝이 보이는구나. 말로만 듣던 빅테크 기업들을 직접 탐방하면서 많은 걸 배웠을 거야. 이제 우리 여행의 대미를 장식해 줄 곳으로 가 볼까?"

이른 아침, 시애틀 터코마 국제공항에서 안 쌤이 시원섭섭한 표정으로 말했다.

"네! 백만장자 투자클럽에 가입해서 경제 공부를 막 시작할 때까지만 하더라도 제가 워런 버핏을 실제로 만날 수 있을 거라곤 상상도 못 했는데, 이런 날이 오네요. 얼른 오마하로 가시죠!"

경민이 무거워진 캐리어를 힘차게 끌며 앞장섰다. 혜민이 슬며시 한숨을 쉬며 말했다.

"버핏의 오랜 동반자인 찰리 멍거 부회장 모습을 직접 볼 수 있었다면 더 좋았을 텐데…. 아쉽네요."

"그러게 말이다. 1년만 일찍 왔어도 두 거인이 나란히 앉아 담소 나누는 장면을 볼 수 있었을 거야. 그래도 전 세계 투자자들의 '성지순례' 같은 버크셔 해서웨이 주주총회 현장에 가는 것만으로도 엄청난 경험이 될 걸."

6시간의 비행 끝에 세 사람은 마지막 행선지 오마하에 도착했다. 에플리 에어필드 공항은 세계 각국에서 모인 투자자들로 붐비고 있었다.

"역시 올해도 사람이 많구나. 자본주의의 우드스톡세계적인 음악 축제이란 말이 괜히 나온 게 아니지. 버크셔 해서웨이 주주총회는 매년 5월 첫 주말에 개최되는데 올해도 무려 4만 명이 넘는 인파가 몰릴 거라고 하더구나. 주주총회 하루 전인 오늘부터 주주들만을 위한 바자회가 열리니까 우리도 얼른 짐 풀고 가 보자."

버크셔 해서웨이 연례 주주총회에 두 번 참석해 본 경험이 있는 안 쌤이 익숙한 듯 두 사람을 이끌었다. 셋은 셔틀버스를 타고 호텔로 이동했다.

버크셔 해서웨이 주주들을 위한 특별한 바자회

짐을 풀고 호텔 로비에 다시 모인 세 사람.

"쌤, 도대체 바자회에서는 뭘 파는 거죠? 제가 아는 박람회는 코엑스에서 진행하는 게임 박람회뿐인데, 너무 궁금해요!"

"하하! 우리나라에서 진행하는 행사와 비슷하단다. 하긴 경민이와 혜민이는 버크셔 해서웨이 연례 주주총회에 처음 와볼 테니 감이 잘 안 오겠구나. 첫째 날 열리는 바자회에서는 버크셔 해서웨이가 보유한 기업들이 선보이는 여러 굿즈들을 살 수 있지. 시중가보다 저렴하게 판매되는 건 물론 바자회에서만 살 수 있는 한정판 상품들도 많으니까 기대해도 좋아."

셋은 목에 크리덴셜_{주주 신분증}을 걸고, 인파를 따라 CHI 헬스센터 앞에 도착했다. 기나긴 입장줄을 기다린 끝에 보안검색대를 통과하자, 안 쌤이 신이 난 표정으로 앞장섰다. 경민과 혜민은 행사 규모에 입을 다물지 못했다.

버크셔 해서웨이 주주총회에서 구매한 씨즈캔디. 포장지에 그려진 사람은 창립자 메리와 그녀의 아들 찰스 씨(Charles See)예요.

"혹시 저 부스가 그 유명한 씨즈캔디인가요? 인기가 많다고는 들었지만 이 정도일 줄은 몰랐어요!"

혜민의 말대로 씨즈캔디 부스에는 엄청난 인파가 몰려 있었다.

"맞아. 씨즈 캔디는 초콜릿과 캔디류로 유명한 브랜드야. 이번 행사에선 찰리 멍거 부회장이 생전에 좋아했던 피넛 브리틀Peanut Brittle을 특별 홍보하나봐. 저기 벽면에 멍거 부회장 캐리커처를 붙인 대용량 피넛 브리틀이 보이니 참 재미있지?"

"저 인형은 버핏 회장과 멍거 부회장을 귀엽게 캐릭터화한 건가요? 양손에 들고 가는 사람들 진짜 많네요!"

경민이 눈을 반짝이며 부스를 가리켰다. 혜민이 의심의 눈초리로 경민을 바라보았다.

"설마, 저 인형도 사려는 건 아니지?"

"인형이 뭐가 어때서요, 선배! 한국에 돌아가면 제 방에 두고 경제 공부에 대한 의지가 떨어질 때마다 볼 거라고요."

"그런 취지라면 쌤도 찬성! 품절되기 전에 어서 사렴."

그렇게 세 시간 넘게 바자회의 부스들을 둘러본 세 사람은 녹초가 되었다.

"쌤…, 저 이제 더 이상은 못 걷겠어요. 얼추 다 구경한 것 같은데 저녁 먹으러 가면 안 될까요?"

안 쌤과 혜민은 경민의 애절한 목소리에 폭소를 터뜨렸다. 길고 즐거운 탐방과 바자회 구경을 마친 셋은 오마하의 오래 전 모습을 간직하고 있는 올드타운을 향해 다시 발걸음을 옮겼다.

꿈 같은 마침표

다음 날 아침, 주주총회 둘째 날이 밝았다. 세 사람은 호텔 조식을 든든히 먹고 CHI 헬스 센터로 향했다. 이미 행사장 앞은 좋은 자리를 잡으려는 사람들로 새벽부터 장사진을 이루고 있었다.

"아니, 우리도 이 정도면 일찍 나왔다고 생각했는데, 도대체 이 많은 사람들이 언제 이렇게 모인 거죠? 주주총회의 열기는 정말 어마어마하군요. 아이돌 콘서트장에 버금가는 것 같아요."

혜민이 믿기지 않는다는 듯 두 눈을 비볐다.

버크셔 해서웨이 주주총회가 열리는 오마하의 CHI 헬스 센터

드디어 입장 시간이 되자 문이 열리고, 수많은 사람들은 우르르 행사장 안으로 빨려 들어갔다. 커다란 주주총회 홀은 세계 각국에서 모인 투자자들로 순식간에 가득 찼다.

그때 경민이 화들짝 놀라며 앞쪽을 가리켰다.

"쌤! 혜민 선배! 저기 좀 보세요. 저분, 애플의 CEO 팀 쿡 아닌가요? 지금 제 눈이 잘못된 거 아니죠? 잠시만…, 그 옆에는 마이크로소프트의 설립자인 빌 게이츠도 있는 것 같은데요?"

안 쌤이 활짝 웃었다.

"정말 그러네. 빅테크 기업들의 수장들을 여기서 만나게 될 줄이야. 이 여행의 대미를 장식하기에 딱이구나. 버크셔 해서웨이 주주총회에 너희를 데려오길 정말 잘한 것 같아."

잠시 후, 이윽고 본격적인 주주총회가 시작되었다.

무대 스크린에는 찰리 멍거 부회장을 위한 헌정 영상이 흐르며, 워런 버핏 회장과 함께 이룬 역사와 두 사람의 깊은 우정을 그려냈다.

영상이 끝나자 어둠 속에서 주인공들이 등장했다. 버크셔 해서웨이의 워런 버핏 회장이 무대에 올랐고, 그 옆에는 찰리 멍거를 대신해 차기 후계자로 거론되는 그렉 아벨이 자리 잡았다.

경민이 흥분된 목소리로 속삭였다

"와, 제가 책에서만 보던 워런 버핏을 실제로 보다니…. 이거 꿈 아니죠…?"

기다림과 감사의 미학, 버핏의 주주총회

버크셔 해서웨이 주주총회는 이어진 1분기 실적 발표로 한층 열기를 더했다. 보고서에서 눈에 띈 건 어마어마한 현금 보유량이었다.

"와! 현금성 자산이 1,890억 달러라고요? 우리 돈으로 250조 원이 넘네요. 대체 왜 이렇게 현금을 많이 쥐고 있는 거죠?"

혜민이 놀란 표정으로 안 쌤을 바라봤다.

"정확한 의도는 버핏 회장만이 알겠지만, '투자할 만큼 매력적인 대상'을 아직 못 찾았다고 보는 게 합리적이야. 버핏은 '삼진 아웃 없는 타자'에 자주 비유하는데, 즉 좋은 공투자 기회이 올 때까지 방망이를 휘두르지 않고 기다릴 수 있다는 뜻이지. 사람들이 모두 열광하는 때과열 구간엔 현금을 쌓고, 반대로 모두가 두려움에 휩싸일 땐 패닉 구간 과감히 매수하는 전략으로 유명하거든. 지금이 과열 구간이라 생각했을 수도 있지."

안 쌤이 미소를 지으며 대답했다. 경민이 고개를 끄덕였다.

"좋은 기회를 만날 때까지 참을성 있게 기다린다니, 역시 투자 대가다운 전략이네요."

한참 동안 이어진 회의도 이제 막바지. 버핏 회장이 미소를 지으며 마이크 앞에 나섰다.

"그동안 사람들을 위해 돈을 관리하면서 그 자체로 너무나 즐거웠어요. 특히 저를 믿고 돈을 맡겨주어 진심으로 고맙습니다. 여러분은 물론이고, 저 역시 내년 주총에 참석할 수 있기를 바랍니다."

투자자들에게 감사의 마음을 전하며, 유머 섞인 멘트로 주주총회를 마무리한 버핏 회장에게 큰 박수가 쏟아졌다.

〈"Hi 워런 버핏? 저는 13살이고" 주주총회 뒤집은 소녀의 질문〉
버크셔 해서웨이 주주총회에서 한 소녀가 버핏에게 질문하는 영상입니다.
워런 버핏 옆에는 지금은 고인이 되신 찰리 멍거가 앉아 있습니다.
꼭 한 번 보시길 바라요!

에필로그

다사다난했던 빅테크 탐방을 모두 마치고, 세 사람은 인천행 비행기를 기다리고 있었다. 공항 창가 너머, 이륙 준비를 하는 비행기가 보이는 순간 경민이 시원섭섭한 듯 입을 열었다.

"정말 다시 미국에 올 수 있을까요? 집에 간다니 너무 아쉬워요. 처음엔 영어 울렁증 때문에 여행을 제대로 즐길 수 있을까 걱정했는데, 이젠 떠나기 싫을 정도라니…. 더 열심히 돌아다닐 걸 그랬나 봐요."

안 쌤이 흐뭇한 미소를 지으며 말했다.

"물론이지! 이제 시작인걸! 한국에 돌아가면 이번에 탐방한 미국 빅테크 기업들에 꾸준히 관심을 가져보는 게 어때? 투자 측면에서뿐만 아니라, 앞으로 어떤 미래에 대비하여 전공을 선택할지 그리고 무슨 공부를 해야 할지에 관해서 큰 힌트를 얻을 수 있을 거야."

혜민도 아쉬운지 연신 창밖을 바라보았다.

"기술뿐 아니라 지구와 우주에 관한 비전까지 들으면서 정말 많은 걸 생각하게 되었어요. 좋은 경험하게 해 주셔서 고맙습니다, 쌤!"

경민의 눈빛이 진지해졌다.

"저, 정말 종잣돈도 열심히 모으고 꾸준히 투자해서, 번 돈으로 어른이 되면 다시 올래요!"

"너희들 얘기 들으니까 쌤이 정말 뿌듯하다. 먼 길 온 보람이 있구나. 돌아가서 얼마나 열심히 공부하는지 쌤이 지켜보겠어. 경제도, 투자도, 그리고 영어 공부도 말이다!"

그때 공항에서 안내 방송이 흘러나왔다. 인천행 비행기의 이륙 준비가 완료되어 탑승을 시작한다는 내용이었다.

"정말 아쉽지만, 다음을 기약하며 이제 집으로 가 볼까?"

안 쌤의 말이 끝나자마자 경민이 재빠르게 탑승 줄에 섰다. 혜민이 피식 웃으며 말했다.

"아니, 그렇게 아쉽다며…! 줄은 왜 이렇게 빨리 서는 거야?"

안 쌤과 혜민이 어이 없다는 듯 웃으며 경민이 뒤로 걸어가 비행기 탑승을 위해 줄을 섰다.

12시간 후. 장거리 비행으로 몸은 지쳤지만, 오랜만에 가족들을 볼 생각에 신이 난 경민과 혜민이었다. 짐을 찾고 나오니 게이트 앞에 가족들이 마중을 나와 있었다.

"엄마, 아빠! 저 잘 다녀왔어요. 경아야, 오빠가 너 주려고 미국에서 선물도 사 왔다!"

경민이 자신을 마중 나온 여동생과 부모님을 향해 달려가며 말했다.

"이게 웬일이야! 우리 경민이가 못 본 새에 아주 의젓해진 거 같은데? 경아 선물까지 다 사 오고. 미국은 어땠어? 영어는 좀 늘었니?"

경민의 어머니가 놀라워하며 묻자, 경민의 표정이 우쭐해졌다.

"이제 예전의 제가 아니라고요. 외국인 친구들도 생겼어요! 이제 영어 공부도 더 열심히 하고 꾸준히 투자해서 꼭 다시 갈 거예요!"

"오빠, 내 선물은 뭐야?"

이제 막 초등학교에 입학한 경민의 동생 경아가 물었다.

"짠! 귀엽지? 인형 세트야! 그냥 인형이 아니라 무려 투자의 전설 워런 버핏과 찰리 멍거를 따서 만든 거라구. 오빠는 직접 워런 버핏을 보고 왔으니, 인형은 너 줄게. 너도 이 오빠처럼 투자에 관심을 가져보길 바라는 마음으로 사 왔지."

"우와, 귀엽다!"

워런 버핏에 대해서는 전혀 모르지만 인형 선물을 받고 기분 좋아진 경아가 해맑게 웃었다. 안 쌤과 혜민에게 인사한 후 경민이네 가족은 경민의 미국 여행기를 들으며 집으로 돌아갔다. 더불어 안 쌤과 혜민도 각자의 가족들과 함께 집으로 향했다.

열흘간의 빅테크 탐방은 이렇게 막을 내렸지만, 이들의 진짜 성장과 투자 여정은 이제 시작되고 있었다.

빅테크 M7 & 대학 탐방 가이드

뉴욕

- **구글 뉴욕 오피스**Google New York Office 구글 뉴욕 오피스는 일반 방문객을 위한 공식 투어 프로그램을 제공하지 않습니다. 내부 방문은 구글 직원의 초대나 내부 행사에 참여하는 경우에만 가능합니다. 따라서 일반 관광객으로서는 내부 관람이 불가능하지만, 외부에서 건물의 디자인과 주변 환경을 둘러보는 것은 가능합니다. **주소** 111 8th Avenue, New York, NY 10011
- **덤보 지역**DUMBO 덤보 지역은 브루클린의 창의적이고 혁신적인 분위기를 느낄 수 있는 곳으로, 다양한 스타트업과 예술 공간이 밀집해 있습니다. 특정 기업 방문을 원하신다면, 해당 기업의 공식 웹사이트를 통해 방문 가능 여부와 예약 방법을 확인하시는 것이 좋습니다.

▶**주요 대학** (캠퍼스 탐방 프로그램을 운영하며, 사전 예약이 필요합니다.)

- **컬럼비아 대학교**Columbia University 아이비리그 명문 대학으로, 고풍스러운 건축물과 세계적 연구 성과로 유명합니다.
- **뉴욕 대학교**New York University 도시형 캠퍼스와 글로벌 네트워크로 유명하며, 예술과 비즈니스 분야에 강점을 가집니다.

- 테슬라 기가팩토리 텍사스Gigafactory Texas 현재 테슬라는 기가팩토리에 대한 일반 방문객을 위한 공식 투어 프로그램을 제공하지 않습니다. 다만 외부에서 시설의 규모와 주변 환경을 관람하실 수 있습니다. **주소** Tesla Giga Texas, 13101 Harold Green Road, Austin, TX 78725

▶**주요 대학** (캠퍼스 탐방 프로그램을 운영하며, 사전 예약이 필요합니다.)

- 텍사스 대학교 오스틴 캠퍼스The University of Texas at Austin(UT Austin) 텍사스 대학교 오스틴 캠퍼스는 미국의 명문 주립대학 중 하나입니다.
- 라이스 대학교Rice University 휴스턴에 위치한 사립 명문 대학입니다.
- 텍사스 A&M 대학교Texas A&M University 칼리지 스테이션에 위치한 주립 대학으로, 공학, 경영, 농업 등 다양한 분야에서 우수한 프로그램을 제공합니다.

캘리포니아, 실리콘밸리

- 애플Apple 쿠퍼티노에 위치한 애플 파크 방문자 센터Apple Park Visitor Center는 일반 방문객들에게 개방되어 있습니다. 이곳에서는 애플 제품을 체험하고 구매할 수 있으며, 애플 파크의 구조를 살펴볼 수 있는 전시물도 제공됩니다. 지상에 주차 공간이 없고 지하에 주차장이 마련되어 있는 것도 특징입니다. **운영 시간 및 방문 정보** www.apple.com/retail/applepark

주소 10600 N Tantau Ave, Cupertino, CA 95014

- 구글Google 마운틴뷰에 위치한 구글 본사Googleplex는 일반 방문객을 위한 공식 투어 프로그램을 제공하지 않습니다. 그러나 캠퍼스 외부를 자유롭게 둘러볼 수 있으며, 구글 스토어에서 기념품을 구매할 수 있습니다. **주소** 1600 Amphitheatre Parkway, Mountain View, CA 94043

- 엔비디아NVIDIA 실리콘밸리 중심부에 위치한 본사는 엔비디아의 혁신적인 디자인 건축물로도 유명합니다. 그러나 공식적으로 일반 방문객을 위한 투어 프로그램을 운영하지 않으며, 다만 엔비디아 본사를 외부에서 둘러볼 수 있습니다.

- 메타Meta Platforms 멘로파크에 위치한 메타 본사Meta Headquarters는 일반 방문객을 위한 공식 투어를 제공하지 않습니다. 그러나 외부에서 '좋아요Like' 엄지 손가락 조형물과 같은 상징적인 장소를 방문할 수 있습니다. **주소** 1 Hacker Way, Menlo Park, CA 94025

실리콘밸리의 주요 IT 기업들은 보안과 기밀 유지 등의 이유로 일반 방문객을 위한 공식적인 내부 투어 프로그램을 운영하지 않는 경우가 많습니다. 이러한 제한으로 인해, 현지 여행사나 투어 가이드들이 외부에서 주요 IT 기업의 캠퍼스를 둘러보고, 스탠퍼드 대학 등과 함께 방문하는 투어 프로그램을 운영하고 있습니다. 이러한 프로그램을 통해 실리콘밸리의 혁신적인 분위기를 간접적으로 체험할 수 있습니다.

▶**주요 대학** (캠퍼스 탐방 프로그램을 운영하며, 사전 예약이 필요합니다.)

- 스탠퍼드 대학교Stanford University 팔로알토에 위치한 세계적인 명문 사립 대학으로, 실리콘밸리의 중심에 자리하고 있습니다.

- 캘리포니아 대학교 버클리 캠퍼스UC Berkeley 샌프란시스코 만 지역에 위치한 공립 연구 대학으로, 다양한 학문 분야에서 우수한 평가를 받고 있습니다.

워싱턴, 시애틀

- 아마존Amazon.com 아마존 스피어스Amazon Spheres는 시애틀 다운타운에 위치한 유리 돔 형태의 건축물로, 내부에는 다양한 식물들이 조성되어 있습니다. 일반인에게는 제한된 날에만 공개되며, 방문을 원하신다면 사전 예약이 필요합니다.
  주소 2111 7th Ave, Seattle, WA 98121
- 마이크로소프트Microsoft 마이크로소프트 방문자 센터Microsoft Visitor Center는 레드먼드에 위치한 마이크로소프트 본사 내에 있으며, 회사의 역사와 최신 기술을 체험할 수 있는 공간입니다. 주중에 무료로 개방되며, 방문 전 운영 시간을 확인하시는 것이 좋습니다. **주소** One Microsoft Way, Redmond, WA 98052

▶**주요 대학** (캠퍼스 탐방 프로그램을 운영하며, 사전 예약이 필요합니다.)
- 워싱턴 대학교University of Washington(UW) 시애틀의 중심부에 위치한 공립 연구 대학입니다.
- 시애틀 대학교Seattle University 시애틀의 캐피톨 힐Capitol Hill 지역에 위치한 사립 예수회 대학으로, 인문학 및 사회과학 분야에서 강점을 보이고 있습니다.

사전 예약 필수: 대학 캠퍼스 투어는 인기가 많아 빠르게 마감될 수 있으므로, 방문 예정일로부터 충분히 여유를 두고 예약하시기 바랍니다.

신분증 지참: 투어 참여 시 신분증이나 학생증이 필요할 수 있으므로, 반드시 지참하시기 바랍니다.

10대를 위한 글로벌 빅테크 수업

초판 1쇄 인쇄 2025년 1월 7일
초판 1쇄 발행 2025년 1월 13일

지은이 안석훈, 이경민, 홍혜민
펴낸곳 넥스트씨
펴낸이 김유진
출판등록 2021년 11월 24일(제2021-000036호)
주 소 서울시 중구 서애로23 3층, 318호
홈페이지 nextc.kr
전화번호 0507-0177-5055
이메일 duane@nextc.kr

※책 가격은 뒷표지에 있습니다.
※잘못된 책은 구입한 곳에서 바꿔드립니다.